Ahmed Ragab Ragheb

LE BONHEUR EN ISLAM

Ahmed Ragab Ragheb

LE BONHEUR EN ISLAM

Éditions Muse

Imprint

Cover image: www.ingimage.com

Publisher:
Éditions Muse
is a trademark of
Dodo Books Indian Ocean Ltd. and OmniScriptum S.R.L publishing group

120 High Road, East Finchley, London, N2 9ED, United Kingdom
Str. Armeneasca 28/1, office 1, Chisinau MD-2012, Republic of Moldova, Europe
Printed at: see last page
ISBN: 978-620-4-96290-0

LE BONHEUR EN ISLAM

AHMED RAGHEB EL AMSRY

Dédicace

A ceux qui me donnent la vie et la cause de mon bonheur,

Ma chère mère, source de tendresse ….

Mon cher père, Dieu lui accorde tant de miséricorde….

A mes petits, Ziad, Eyad, Doaa et Israa qui sont le soleil de mes jours

et la lune de mes nuits,

A mes frères palestiniens qui vivent dans la misère et dans les souffrances…..

A ceux qui vivent dans un grand chagrin ...

A ceux qui ont peur des lendemains ...

A ceux qui ne font pas confiance ...

A ceux qui veulent rendre les rêves impossibles…...

A ceux qui ont perdu les bien-aimés…

A ceux dont le cœur est serré…

A tous les malheureux et les damnés de la terre ….

A ceux que les problèmes, la pauvreté et les fardeaux de la vie ont écrasés…

A ceux qui se sont perdus dans la vie…

A ceux qui font jaillir l'aube brillante des ténèbres de la nuit,

J'écris ce message……..

Introduction

* Rien ne dépasse un moment de bonheur; le bonheur est la cible de tout le monde, c'est pourquoi vous allez trouver entre les lignes de ce modeste livre le remède des chagrins et des tristesses et le bon moyen de sentir le bonheur.

* Et ce qui m'a poussé à écrire ce livre qui est entre vos mains, ce sont les mauvaises conditions desquelles tout le monde est accablé; guerres, famines, querelles, différends, ce monde où on est si embarrassé à ne pas savoir sur quel pied danser.

* Tout le monde cherche le bonheur, grands et petits, vieillards et jeunes, riches et pauvres, rois et misérables, président et simples citoyens, hommes et femmes, musulmans et d'autres et j'ai l'honneur de présenter à tous ces gens les clés du bonheur souhaitant que la paix et le bonheur règnent sur tout le monde.

Bonheur En latin Bona Hora, « bonne heure ».

Le bonheur est la bonne heure, ce qui vient à point nommé,

ni trop tôt, ni trop tard, juste comme il faut, juste quand il faut...

Tout le monde aspire au bonheur, mais qu'est- ce que le bonheur ? Et que faire pour être heureux ? On l'oublie trop. Parce qu'il est porteur d'un idéal profond, le bonheur n'est ni facile, ni instantané. C'est pour cela qu'il faut penser le bonheur en apprenant à bien écouter les mots du bonheur : plaisir, douceur, éternité... Car, comme toutes les grandes choses, le bonheur se prépare. Cet ouvrage est une invitation à s'adonner au bonheur, savoir en saisir toute la profondeur et goûter la saveur qu'il donne à la vie.
Combien de personnes cherchent le bonheur et ne le trouvent jamais, parce qu'elles le cherchent dans les biens matériels, dans les choses éphémères de ce monde, au lieu de le chercher auprès de celui qui en est l'auteur et la source : Dieu lui-même! Si les hommes connaissent tant de mal être sur terre, particulièrement dans les pays où il y a surabondance de biens, n'est-ce pas parce qu'ils ont oublié quelle heureuse satisfaction peut leur procurer

une communion personnelle avec leur Créateur?

Beaucoup de gens insatisfaits s'imaginent que l'enrichissement matériel, c'est-à-dire la possession d'un nombre croissant d'objets (maison, voiture, etc.) leur apportera le bonheur. S'ils travaillent très dur à gagner de quoi les acquérir, certains peuvent oublier leur angoisse pendant leurs efforts, mais elle reviendra lorsqu'ils s'arrêteront de travailler pour en jouir.

Certains insatisfaits se lancent à corps perdu dans les excès alimentaires, l'alcool, la drogue, la violence ou le sexe, mais ces excès n'apportent pas, non plus, l'harmonie désirée.

Mon cher lecteur, laissez vos chagrins à part et oubliez vos tristesses et venez feuilleter avec moi les pages de ce livre et vous serez ravi quand vous trouvez tout ce que vous cherchez; je vous souhaite une bonne lecture.

L'ISLAM ET LE BONHEUR

C'est quoi l'Islam?

* L'Islam est la dernière des religions universelles et l'acceptation complète des commandements d'Allah qu'Il a révélés à son prophète Mohamad (A lui salut et bénédiction).

Aujourd'hui il compte plus de 1.25 milliard de fidèles.

* Chaque pays dans le monde a au moins une petite minorité musulmane. L'Islam n'a pas seulement prouvé être la religion la plus répandue dans le monde, mais aussi la religion la plus dynamique à attirer des convertis à un rythme très rapide surtout au cours des derniers siècles.

* Le terme arabe "Islam" signifie la soumission, ce qui veut dire une doctrine religieuse fondamentale selon laquelle le musulman se soumet à la volonté d'Allah en se conformant à sa loi intérieurement et extérieurement.

* L'Islam n'est pas une religion dans le sens étroit utilisé par les humanistes en occident, mais il est la religion universelle et éternelle, telle qu'elle fut transmise par les prophètes à chaque nation ou peuple depuis le début de la race humaine.

* L'Islam enjoint la soumission à la volonté d'Allah et incite chaque personne à suivre scrupuleusement que possible, la voie exemplaire de la vie de Mohamad (A lui salut et bénédiction), le dernier des prophètes et messagers.

* Allah a créé l'univers entier afin qu'il soit reconnu comme Dieu unique et pour qu'il soit bien adoré, Allah dit au Sain Coran: "Je n'ai créé les djinns et les humains que pour qu'ils m'adorent".

Les croyances islamiques de base

- La croyance en Allah
- La croyance aux anges
- La croyance aux livres qu'Allah a révélés
- La croyance aux prophètes et aux messagers d'Allah
- La croyance au jour dernier de la Résurrection
- La croyance à la destinée divine

- Je crois qu'une telle religion avec de telles croyance mérite d'être suivie et embrassée ce qui mène au véritable bonheur.

L'Islam Vous garantit le bonheur

Il faut mettre en considération que l'Islam vous garantit un véritable bonheur dans la vie et dans l'au-delà en sachant que :

La création de l'univers, sa gestion et la subsistance de toutes les créatures appartiennent exclusivement à Allah qui n'a besoin de l'aide ni du support de personne.

Allah est unique. Il n'enfante pas et n'a pas été enfanté et sans aucun égal.

Celui qui procure tout bien et Celui qui nuit est Allah seul.

Allah est le Seul digne d'être adoré. Point d'intermédiaire entre Lui et nous Ses créatures. Il entend tout, voit tout et il est au-dessus du Trône.

L'Islam invite au bonheur éphémère de cette vie et au bonheur éternel de l'au-delà.

L'Islam est une religion complète et n'admet donc aucun ajout, et ne peut être associé à aucune autre religion car c'est une religion parfaite.

L'Islam est la religion universelle qui remplit tous les besoins humains concernant la vie familiale, sociale, économique et politique.

l'Islam est la religion dont la ligne de conduite est restée intacte depuis des centaines d'années et est appropriée dans tous les temps et dans tous les lieux.

L'Islam appelle au respect des droits des pères et mères, des voisins, des proches parents, etc.

L'Islam recommande l'aide à autrui et demande de voler au secours des affligés afin d'alléger leur affliction.

L'Islam enjoint de venir en aide aux autres face aux difficultés de la vie et de l'au-delà en les dirigeant vers ce qu'Allah aime et agrée.

L'Islam recommande la protection de l'esprit et du corps contre toute atteinte.

L'Islam encourage la pratique de tout bien et met en garde contre tout mal.

La véracité de l'Islam n'est pas atteinte par les fautes commises par ceux qui le suivent dues à leur ignorance ou à la mauvaise compréhension de ses principes.

L'Islam accorde aussi bien à l'homme qu'à la femme des droits complets en matière d'adoration, de récompense, de biens et d'héritage.

L'Islam apporte les meilleures solutions à tous les problèmes de la vie et de la meilleure manière.

Nul ne peut apporter une religion semblable à l'Islam dont les lois et les recommandations qui englobent tous les domaines de la vie sont inimitables.

Nul ne peut trouver de défauts ou de manques au sein de l'Islam si ce n'est un ignorant ou un ennemi.

Quiconque se convertit à l'Islam ne l'abandonnera jamais, lorsqu'il le saisit (comprend) véritablement.

L'Islam repose sur le savoir (la connaissance), l'action et l'appel.

L'Islam est une religion facile (dans sa mise en pratique et sa compréhension) et approuvée par tout sain d'esprit.

Les enseignements concernant l'Islam ne doivent pas être puisés auprès des ignorants ou des ennemis (des envieux) de cette religion.

L'Islam n'impose aucune gêne ni aucune indisposition et il attribue une récompense énorme pour toute bonne action minime soit-elle dans la vie et dans l'au-delà.

Le Saint Coran n'est pas atteint par le faux et ses lois ne se contredisent point. On y trouve les récits de ceux qui nous ont précédés, et les événements qui se produiront dans le futur et nous retournons à lui pour nous départager en cas de mésentente.

L'Islam est contre toutes formes de terrorisme, qu'il soit individuel ou collectif. On ne doit pas attribuer à l'Islam les fautes de ceux qui ignorent ses principes.

l'Islam est bâti sur l'unicité d'Allah dans l'adoration et sur l'acceptation du message du Prophète Mohamad (A lui salut et bénédiction), l'accomplissement de la prière, l'acquittement de l'aumône légale (le Zakat), le jeune du mois de Ramadan et le pèlerinage à la Mecque pour celui qui en a les moyens.

La foi en Islam a pour fondement la croyance en Allah le Très Haut, en Ses anges, en Ses livres, en Ses messagers, au jour dernier et en la prédestination bonne ou mauvaise.

Cette religion nous enjoint à être bienfaisants envers les musulmans comme les non musulmans.

Le Prophète de l'Islam est exempt de toute erreur ou faute et c'est lui qui a expliqué le contenu du Saint Coran.

L'Islam à travers le Saint Coran et la tradition du prophète a évoqué et exposé avant quiconque des faits scientifiques traitant des mers et des océans.

Sache que l'Islam est la dernière des religions célestes et Allah n'accepte aucune religion en dehors de celle-ci.

Les livres révélés avant le Saint Coran annoncent la venue du Prophète Mohamad (A lui salut et bénédiction).

C'est l'unique religion où Allah envoya un Prophète à toute l'humanité et c'est Mohamad (A lui salut et bénédiction).

Tous les livres révélés se sont vus dénaturés à l'exception du Saint Coran qui n'a subi aucun changement depuis plus de mille quatre cents ans.

Cher frère lecteur, assure ton bonheur et ta félicité dans cette vie et dans l'au-delà en embrassant l'Islam et sois le bienvenu dans l'univers des bienheureux…

QUE DISENT- ILS DU BONHEUR?

Aristote

Pour fabriquer sa morale, Aristote part du sens commun ou de ce qu'on a l'habitude de nommer « le gros bon sens ».
Aristote se demande ce que pourrait être pour les hommes le bien suprême. Après un temps de réflexion et plusieurs consultations, il désigne, pour sa morale, le point de départ suivant : tous les hommes recherchent le bonheur. Par contre, même si tous les hommes sont d'accord sur cet énoncé, la plupart ne s'accorde pas sur la conception du bonheur. Qu'est-ce que le bonheur ? Comment définir le bonheur ?

Puisque les hommes n'ont pas tous les mêmes aspirations, car certains recherchent le plaisir, d'autres les honneurs, d'autres la richesse, etc. Ainsi, chacun donne au bonheur un contenu différent. Aristote en conclut qu'il ne faut pas prendre en considération ce que les hommes recherchent pour comprendre ce qu'est le bonheur, mais rechercher les conditions objectives du bonheur. En d'autres mots, cette opération consiste à savoir ce que les hommes doivent vraiment rechercher pour réaliser le vrai bonheur. Le bonheur est le chemin qui mène au bonheur. Ce chemin pour Aristote consiste en l'exercice de la vertu. C'est un exercice guidé par la volonté.
Par exemple, pour le flûtiste comme pour le sculpteur, le bonheur serait de maîtriser parfaitement son art et non pas de produire une oeuvre d'art parfaite. Il devrait en être de même pour le bonheur de l'être humain. Le bonheur est le chemin lui-même et non pas le point d'arrivée.
Quel est le chemin du bonheur pour Aristote? Pour ce philosophe, l'être humain réalise son bonheur dans la mesure où il apprend à utiliser ses habilités intellectuelles. Et pourquoi cela ? Parce que c'est grâce à la vie intellectuelle qu'il peut délibérer et faire des choix moraux. Lorsqu'il fait un choix moral, il doit tenir compte :
- des normes de la société,
- du plaisir à obtenir,
- de la portée de son choix sur autrui,
4.de ce qu'il est possible de faire dans le but de viser la vertu.

Ainsi, l'homme obtient son bonheur en pratiquant la vertu. Pour Aristote, la vertu est une habitude volontaire. Toujours selon Aristote, les êtres humains sont disposés à la vertu, mais ils doivent la pratiquer pour la perfectionner. C'est à force de pratiquer la justice, la tempérance et le courage que nous devenons justes, tempérants et courageux.
Pour Aristote, il ne faut jamais être esclave de rien: ni d'un maître, ni de nos mauvais désirs. Il défendra principalement la vertu du juste milieu.
Par exemple, le courage serait le juste milieu entre la peur et la témérité ; la tempérance entre le dérèglement et l'insensibilité ; la mansuétude (disposition à pardonner et à comprendre, la bonté) entre la colère et l'apathie ; la magnanimité entre la vanité et l'humilité ; la véracité entre la vantardise et la dépréciation de soi ; l'affabilité (accueillant et bienveillant et aimable) entre l'obséquiosité (servile et trop poli) et l'esprit de chicane ; la réserve entre l'effronterie et la timidité, etc.
Pour Aristote, l'intention compte pour beaucoup. Par exemple, on peut mentir pour la bonne cause (l'espion) et faire du mal pour la bonne cause (tuer durant la guerre). Chaque situation doit être analysée dans le but de vivre dans le bonheur, même si le bonheur des uns fait le malheur des autres.

Descartes

Descartes préfère parler d'admiration pour désigner notre surprise face à l'ordre d'un monde que nous voulons comprendre et réserver le terme d'étonnement à cet excès qui frappe l'esprit de paralysie (il ne faut pas oublier que le terme français -étonnement- vient du latin attonare qui signifie frapper du tonnerre).
Un tel étonnement est à l'origine de ces formules toutes faites, dont le caractère assommant n'est pas à démontrer, telle : la nature est bien faite ou pour être heureux il suffit de ne pas se poser de questions et de prendre la vie comme elle vient. Certains poussent même d'ailleurs la bêtise à son point culminant en qualifiant de telles maximes de " philosophie de la vie ".

Une telle philosophie si elle peut en effet conduire au bonheur ce ne peut être qu'à un bonheur comparable à celui de la bête sans conscience, qui ne peut que vivre en accord avec la nature pour la simple et bonne raison qu'elle est plongée en elle et ne dispose pas d'une liberté lui permettant de s'en écarter.

Epicure

Pour Epicure, il faut pour accéder à ce bonheur si difficile à atteindre rétablir cette union perdue avec la nature que l'homme a rompue en s'éloignant de l'animalité pour accéder à l'humanité, mais cette union ne peut se réaliser par l'immersion inconsciente dans le naturel qui est le propre de l'animal, elle ne peut se réaliser que par le moyen de l'intellect qui cherchera à comprendre le tout dont il fait partie.
Réaliser sa nature, c'est pour l'homme se penser dans la nature afin de réaliser cet accord synonyme de bonheur.
Vivre en accord avec la nature est en effet une chose difficile pour l'homme, mais c'est là la seule voie qui semble mener au bonheur.
En effet n'étant pas des dieux, nous ne pouvons nous affranchir du Tout dont nous ne sommes que des parties, mais n'étant pas des bêtes, il nous faut pour nous réaliser établir cette union par la pensée.
Et c'est là que s'établit le lien entre la question du bonheur et celle de la paresse, car ces philosophies du bonheur que nous évoquions précédemment et qui ne sont en fait que tissu d'opinions et de passions vaines, ne se caractérisent-elles pas par une paresse intellectuelle de l'esprit se laissant écraser par la difficulté de sa tâche ou se laissant dominer par le corps.

Kant

Pour Kant, ce qui est intéressant c'est le bonheur humain, le bonheur de celui qui en tant qu'homme ne se satisfait pas d'une nature animale qui lui est donnée, mais se doit de réaliser sa nature d'homme qui est à conquérir.
Pour le plus grand nombre, cette conquête se réduit à la quête du plaisir immédiat et à la satisfaction de tous nos désirs, le bonheur consisterait donc alors en ce que Kant nomme justement un idéal de l'imagination irréalisable parce qu'en total désaccord le plus souvent

avec la réalité.
Et bien entendu ceux là même qui réclament un tel bonheur se désolent et se rendent malheureux car jamais la réalité ne les satisfait, eux qui demandent l'impossible.

Montaigne

« Tout entier et tout nu »
La pauvreté affective de la vie de Montaigne surprend tout lecteur un peu attentif des Essais.
A l'exception notable de la passion qu'il éprouva pour Etienne de la Boétie, son existence, vue côté coeur, paraît d'une désolante aridité.
Lui qui met à si haut prix le bonheur de la « conférence », c'est-à-dire de la conversation, de la communication, va s'enfermer dans la solitude intérieure.
Si Montaigne et son oeuvre ont fait l'objet de très nombreuses études, souvent de haute qualité, si ces recherches ont permis d'éclairer sa biographie, les sources des Essais, leur influence ; si sa philosophie morale a été abondamment et pertinemment commentée, et souligné son rôle dans la formation de ce qu'on peut appeler « l'esprit français » ; si l'originalité du livre, la richesse, la saveur, la sensualité de sa langue, son bonheur dans les métaphores, son parler vivant « simple et naïf, tel sur le papier qu'à la bouche » ont été vantés à bon droit, par contre, son caractère, sa vie intime, ses relations avec ses proches furent plus négligés.

Nietzsche

Pour le plus petit comme pour le plus grand bonheur, il y a toujours une chose qui le crée : le pouvoir d'oublier, ou, pour m'exprimer en savant, la faculté de sentir, pendant que dure le bonheur, d'une façon non historique. Celui qui ne sait pas se reposer sur le seuil du moment pour oublier tout le passé, celui qui ne se dresse point, comme un génie de victoire, sans vertige et sans crainte, ne saura jamais ce que c'est que le bonheur, et, ce qui est pire encore, il ne fera jamais rien qui puisse rendre heureux les autres.
Imaginez l'exemple extrême : un homme qui ne posséderait pas du tout la faculté d'oublier, qui serait condamné à voir en toutes choses le devenir. Un tel homme ne croirait plus à sa propre essence, ne

croirait plus en lui-même; tout s'écoulerait pour lui en points mouvants pour se perdre dans cette mer du devenir ; en véritable élève d'Héraclite il finirait par ne plus oser lever un doigt. Toute action exige l'oubli, comme tout organisme a besoin, non seulement de lumière, mais encore d'obscurité. Un homme qui voudrait sentir d'une façon tout à fait historique ressemblerait à celui qui serait forcé de se priver de sommeil, ou bien à l'animal qui devrait continuer à vivre en ne faisant que ruminer, et ruminer toujours à nouveau. Donc il est impossible de vivre sans se souvenir, de vivre même heureux, à l'exemple de la bête, mais il est absolument impossible de vivre sans oublier. Ou bien, pour m'expliquer sur ce sujet d'une façon plus simple encore, il y a un degré d'insomnie, de rumination, de sens historique qui nuit à l'être vivant et finit par l'anéantir, qu'il s'agisse d'un homme, d'un peuple ou d'une civilisation.

Rousseau

Le bonheur aux Charmettes

Ici commence le court bonheur de ma vie; ici, viennent les paisibles, mais rapides moments qui m'ont donné le droit de dire que j'ai vécu. Moments précieux et si regrettés! Ah! recommencez pour moi votre aimable cours, coulez plus lentement dans mon souvenir, s'il est possible, que vous ne fîtes réellement dans votre fugitive succession. Comment ferai-je pour prolonger à mon gré ce récit si touchant et si simple, pour redire toujours les mêmes choses, et n'ennuyer pas plus mes lecteurs en les répétant que je ne m'ennuyais moi-même en les recommençant sans cesse? Encore si tout cela consistait en faits, en actions, en paroles, je pourrais le décrire et le rendre en quelque façon ; mais comment dire ce qui n'était ni dit, ni fait, ni pensé même, mais goûté, mais senti, sans que je puisse énoncer d'autre objet de mon bonheur que ce sentiment même ? Je me levais avec le soleil, et j'étais heureux; je me promenais, et j'étais heureux ; je voyais Maman, et j'étais heureux; je la quittais, et j'étais heureux; je parcourais les bois, les coteaux, j'errais dans les vallons, je lisais, j'étais oisif ; je travaillais au jardin, je cueillais les fruits, j'aidais au ménage, et le bonheur me suivait partout: il n'était dans aucune chose assignable, il était tout en moi-même, il ne pouvait me quitter un seul

instant.
Rien de tout ce qui m'est arrivé durant cette époque chérie, rien de ce que j'ai fait, dit et pensé tout le temps qu'elle a duré, n'est échappé de ma mémoire.

Les temps qui précèdent et qui suivent me reviennent par intervalles ; je me les rappelle inégalement et confusément : mais je me rappelle celui-là tout entier comme s'il durait encore. Mon imagination, qui dans ma jeunesse allait toujours en avant, et maintenant rétrograde, compense par ces doux souvenirs l'espoir que j'ai pour jamais perdu. Je ne vois plus rien dans l'avenir qui me tente; les seuls retours du passé peuvent me flatter, et ces retours si vifs et si vrais dans l'époque dont je parle me font souvent vivre heureux malgré mes malheurs.

Spinoza

Si le bonheur est impossible pour l'homme ordinaire, celui que Spinoza nomme le vulgaire - sans que ce terme ait sous sa plume une signification péjorative ou méprisante, il désigne simplement l'ignorant, l'homme du commun pour qui ne s'est pas faite l'heureuse rencontre avec la philosophie - est-il envisageable pour le philosophe, qui par définition vit en quelque sorte en décalage par rapport à lui-même, la nature, ainsi que dans sa relation à autrui.

En effet plutôt que bonheur la philosophie est d'abord inquiétude, le philosophe est en quête de vérité et c'est d'ailleurs pour cela qu'il questionne et se questionne.

Une telle démarche interrogative suppose donc une distance par rapport à soi-même et au monde ; comment le bonheur pourrait-il trouver sa place dans une telle distanciation?

Voltaire

Le bonheur insiste sur l'aspect matériel des plaisirs. C'est un libertinage modéré, vertueux. Voltaire parle d'honnêteté et l' associe en effet le goût du luxe des plaisirs.

Voltaire situe l'homme dans la perspective de son épanouissement ici-bas. Pour lui, ce qui est choquant à l'époque, la recherche du bonheur terrestre l'emporte sur l'attente du Salut Eternel. Ce texte est provocateur, insolent, libertin car il contredit la conception du bonheur propre à la religion. Il se moque des dévots et de tous les nostalgiques d'un bonheur ancestral. Il invite à un libertinage qui ne perd pas de vue la morale (à la différence de ce que propose Sade et Laclos).

Ecrivain inconnu

"Aux anciens Grecs, j'ai emprunté l'amour de la sagesse et le respect de la raison, aux Juifs la justice et l'espoir, aux Chrétiens l'amour et la charité, aux Musulmans la patience et la dignité, aux Bouddhistes le détachement et la compassion, aux Zénistes l'attention aux corps, aux Bahias la tolérance, aux Libertins le goût du plaisir et de la liberté, aux humanistes l'optimisme et l'ironie, aux femmes l'émotion et la tendresse, aux enfants la confiance et l'émerveillement....Me voici le plus riche des hommes. Ah, quel bonheur !"

Ecrivain inconnu

"Je vais poser ma candidature au Prix Nobel de la Paix. On s'en étonnera à Oslo : de notoriété publique, je n'ai pas convaincu deux nations de ne plus se combattre ; je n'ai pas obtenu, sans violence, la libération d'un peuple ; je n'ai pas évité le massacre de quelque minorité. Cependant, les scrupuleux scandinaves enregistreront mon inscription, puis me demanderont quels sont mes titres pour cette gloire. Je leur répondrai : J'ai fait la paix avec moi même ! Croyez vous que ce soit moins aisé et moins méritoire que n'importe quelle démarche diplomatique?

Je peux vous assurer en tout les cas que les résultats en sont miraculeux. Ah, quel bonheur !"

Georges Steiner

Georges Steiner, dans son livre: "la culture contre l'homme", montre comment l'homme moderne est devenu inconscient et aveugle. Orgueilleux de sa culture occidentale, il ne se rend pas compte de sa folie et de son caractère suicidaire. Pour cet auteur contemporain, le glas a sonné pour l'occident. "Notre culture, écrit-il, est une culture morte. Poussée toujours plus vers l'érudition, rendue capable, grâce aux ordinateurs, de tout connaître et de tout emmagasiner, notre culture est devenue morte à la véritable vie des hommes; elle est morte à leurs besoins les plus immédiats; elle est morte, puisqu'elle est incapable de les aider à résoudre leurs problèmes." Au milieu de ce pessimisme bien compréhensible, Steiner laisse toutefois échapper une lueur d'espoir: "Je m'attends, dit-il, que nous poussions la dernière porte du château, pour découvrir qu'elle s'ouvre sur des réalités hors de la compréhension et de l'autorité humaines ..."!

André Malraux

L'écrivain et homme politique français André Malraux disait : « Le bonheur est pour les imbéciles », en ce sens qu'il est utopique de croire qu'on peut atteindre un état absolu alors qu'on se trouve dans un monde relatif et qu'il faut être un parfait imbécile pour croire y parvenir un jour.

Jacqueline Dulac

« On devrait mourir lorsqu'on est heureux » chantait Jacqueline Dulac en démontrant bien la difficile, voire impossible quête que représente l'atteinte du bonheur parfait ainsi que l'ultime valeur de cet état.

Avis de l'auteur

* Heureux, celui qui sourit et essaie de dessiner le sourire sur les lèvres d'autrui, orphelin, dépourvu, enfant et malheureux.
* Heureux, celui qui a un ami fidèle comme le miroir reflétant sa véritable image; un ami qui se trouve pour le meilleur et pour le pire.
* Heureux, celui qui a un coeur sensible, palpitant, battant, une sensibilité raffinée et peut aimer n'importe qui sans intérêt personnel.
* Heureux, celui qui est souple, ambitieux, optimiste et peut affronter la vie à bras ouverts quand les soucis et les fardeaux pèsent sur lui.
* Heureux, celui qui est satisfait de son sort et de sa prédestination en s'éloignant de l'avidité et de la cupidité sans envier ce qui est entre les mains des autres.
* Heureux, celui qui fait de son imagination une réalité concrète, de ses illusions, une certitude, de sa faillite, un succès de sa pauvreté, une fierté et de sa richesse, une modestie.
* Heureux, celui qui récolte le miel sans avoir peur des piqûres des abeilles, celui qui se sacrifie pour le devoir et celui qui essaie de faire

jaillir l'aube brillante des ténèbres de la nuit.
* Heureux celui qui est optimiste, car la vie est belle quand on la voit par les yeux de l'optimisme et comme elle est cruelle quand on la voit par ceux du pessimisme.
* Heureux, celui qui fait de la tolérance et de l'amour, une arme pour affronter les défis du temps.
* Heureux, celui qui travaille bien et joyeusement sans se repentir de n'importe quoi et sans avoir peur de l'avenir qui est au delà de nos forces.
* Heureux, celui qui sent les roses en sentant leur odeur qui parfume l'existence sans regarder leurs épines.
* Heureux en fin, celui qui cherche le bonheur à tout prix coûte que coûte.

PROVERBES SUR LE BONHEUR

Partager la nuit entre une jolie femme et un beau ciel, et le jour, le passer à rapprocher ses observations et ses calculs, me paraît être le bonheur sur terre.

Napoléon Bonaparte

La vie est une espèce de restaurant coûteux où l'on finit toujours par vous remettre l'addition, sans qu'il faille pour autant renier ce qu'on a savouré avec bonheur ou plaisir.

Arturo Perez-Reverte

Le bonheur est une denrée merveilleuse : plus on en donne, plus on en a.

Suzanne Curchod

Faire et non pas subir, tel est le fond de l'agréable.

Alain, Propos sur le bonheur

Je me suis bâti de si beaux châteaux en Espagne que les ruines me suffisent pour le restant de mes jours.

Jules Renard

Le bonheur, ça se trouve pas en lingot, mais en petite monnaie !

Bénabar

Le secret de ma vitalité ? Je n'ai dans le sang que des globules rouges : l'alcool a tué depuis longtemps tous mes globules blancs...

Winston Churchill,

Si l'on bâtissait la maison du bonheur, la plus grande pièce serait la salle d'attente.

Jules Renard

* le bonheur est une notion subjective et relative. Et c'est parce qu'elle est si subjective et relative que tant de discussions et de débats entourent l'hypothétique définition du bonheur et surtout, les différents moyens de l'atteindre.

* Le bonheur n'est pas quelque chose qui arrive à l'improviste, il n'est pas le résultat de la chance ;

* le bonheur d'une personne résulte de ses actions et attitudes, non de quelque événement extérieur.

* Il ne s'achète pas et ne se commande pas ;

* On peut être heureux en étant pauvre et on ne peut pas devenir heureux parce qu'on l'a décidé.

* Il ne dépend pas des conditions externes, mais plutôt de la façon dont elles sont interprétées.

*Un événement favorable ne rend pas nécessairement heureux et un événement défavorable ne rend pas nécessairement malheureux. C'est la façon d'interpréter ces événements qui compte :

* On peut éprouver de l'angoisse ou de la frustration après avoir gagné de l'argent ("le fisc ne va-t-il pas m'en prendre la plus grande partie" ou "si j'avais eu plus de chance j'en aurais gagné le double"...) ;

* On peut éprouver de la joie après un grave accident ("ah, je suis toujours vivant et mes projets ne sont pas remis en cause !")]

* Le bonheur, c'est ce que ressent le navigateur quand le vent fouette son visage et que le bateau fend la mer - les voiles, la coque, le vent et la mer créent une harmonie qui vibre dans ses veines.

J'aurai beau tricher et fermer les yeux de toutes mes forces... Il y aura toujours un chien perdu quelque part qui m'empêchera d'être heureuse...

Jean Anouilh

Le bonheur, c'est simple comme un coup dans le pif...

Olivier Arnaud

Il faudrait essayer d'être heureux, ne serait-ce que pour donner l'exemple.

Jacques Prévert

Il faut convenir que, pour être heureux en vivant dans le monde, il y a des côtés de son âme qu'il faut entièrement paralyser.

Chamfort, Maximes et pensées

Les meilleures feuilles de thé doivent être ridées comme les bottes de cuir des cavaliers tartares, craquelées comme la peau d'un buffle, elles doivent briller comme un lac agité par le souffle d'un zéphir. Elles doivent dégager un parfum semblable à celui de la brume qui s'élève au-dessus d'un ravin solitaire dans la montagne, et leur douce saveur doit évoquer la terre sous une fine pluie...

Mais qu'on se rassure : notre monde étant devenu fou, il y a largement place aussi pour la rigolade.

P.M.O. , Marianne

J'ai été étonné du plaisir qu'on éprouve en faisant le bien ; et je serais tenté de croire que ce que nous appelons les gens vertueux n'ont pas tant de mérite qu'on se plaît à nous le dire.

Pierre Choderlos de Laclos,

Je préfère être malheureux de temps en temps parce que je n'arrive pas à obtenir ce que je veux, qu'heureux tout le temps parce que je n'ai envie de rien !

Wolinski

L'héroïsme est peu de chose, le bonheur est plus difficile.

Albert Camus

Il est incroyable que la perspective d'avoir un biographe n'ait fait renoncer personne à avoir une vie.

Cioran

Le malheur est le père du bonheur de demain.

Albert Cohen

Soyez heureux, c'est là le vrai bonheur.

Louis Auguste Commerson

Dans le bonheur d'autrui, je cherche mon bonheur.

Pierre Corneille

Le bonheur se distingue du plaisir: ce dernier n'est pas lié au sentiment de l'existence, on ne s'y oublie pas en tant qu'être singulier. Ici se loge la deuxième raison qui peut expliquer la rareté de ce bonheur en littérature.

Dalai Lama

Le bonheur c'est d'avoir quelqu'un à perdre.

Philippe Delerm

Le bonheur et le malheur se trouvent dans l'âme.

Démocrite, Extrait de Fragments

Le bonheur, on ne le trouve pas, on le fait. Le bonheur ne dépend pas d ce qui nous manque, mais de la façon dont nous nous servons de ce que nous avons.

Arnaud Desjardins

Bonheur: un mot fragile, évanescent, léger, surtout.

Philippe Delerm

Le bonheur le plus doux est celui qu'on partage.

Jacques Delille

Le bonheur ne se définit pas par un grand calme, mais plutôt par la sensation d'être terriblement vivant.

Tara Depré

Qui fait du bonheur sentimental l'unique et nécessaire condition du bonheur? Il suffit peut-être de réaliser quelque chose qui nous dépasse pour accéder à l'au-delà du bonheur.

Noël Audet

Le bonheur ne vient pas à ceux qui l'attendent assis.

Baden-Powell

Le plaisir est le bonheur des fous, le bonheur est le plaisir des sages.

Jules Barbey d'Aurevilly

Bonheur gît en médiocrité, ne veut ni maître ni valet.

Jean Antoine de Baif

Pour faire le bonheur de son mari, il faut croire son mari et ne pas croire au bonheur.

Pierre Baillargeon

La jouissance du bonheur amoindrira toujours le bonheur.
Honoré de Balzac

Il y a du bonheur dans toute espèce de talent.
Honoré de Balzac

Le bonheur de demain n'existe pas. Le bonheur, c'est tout de suite ou jamais.
René Barjavel

La beauté se raconte encore moins que le bonheur.
Simone de Beauvoir

Bonheur. Agréable sensation qui naît de la contemplation de la misère d'autrui.
Ambrose Bierce

Le bonheur des uns ne fait pas le bonheur des autres.
Léon Bloy

Le bonheur humain est composé de tant de pièces qu'il en manque toujours.
Bossuet

Le bonheur est né de l'altruisme et le malheur de l'égoisme.
Bouddha

Le bonheur, souvent, se construit au détriment de quelqu'un, et ce n'est plus le bonheur. Le vrai bonheur est de mettre son bonheur dans le bonheur d'un autre.
Jacques de Bourbon Busset

La passion fait le bonheur et la femme est sa complice. La femme est la chance du bonheur.
Jacques de Bourbon Busset

Le bonheur est une chose bizarre. Les gens qui ne l'ont jamais connu ne sont peut-être pas réellement malheureux.
Louis Bromfield

Empêcher le bonheur des autres est la dernière consolation qui reste aux jaloux.

Calderon

Un petit bonheur n'est pas le bonheur.

Remco Campert

Il n'y a pas de honte à préférer le bonheur

On ne doit se résigner qu'au bonheur.

Alfred Capus

Le seul fait d'exister est un véritable bonheur.

Blaise Cendrars

Le bonheur, c'est quand le temps s'arrête.

Gilbert Cesbron

Le plaisir peut s'appuyer sur l'illusion, mais le bonheur repose sur la réalité.

Chamfort

Il en est du bonheur comme des montres. Les moins compliquées sont celles qui se dérangent le moins.

Chamfort

Poursuivre le bonheur, au lieu de le laisser venir, n'est-ce pas courir après le reflet d'un mot ? En fait , les hommes seraient plus heureux si on leur parlait de bonheur !

Jacques Chardonne

Lc vrai boheur coûte peu; s'il est cher, il n'est pas d'une bonne espèce.

Chateaubriand

Religion à part, le bonheur est de s'ignorer et d'arriver à la mort sans avoir senti la vie.

Chateaubriand

Et si le bonheur n'existe pas ? C'est que le malheur non plus n'existe pas. Et celà est un bonheur qui en vaut bien d'autres.

Gilbert Choquette

A force de plaisirs notre bonheur s'abîme.

Jean Cocteau

Le malheur est le père du bonheur de demain.

Albert Cohen

Soyez heureux, c'est là le vrai bonheur.

Louis Auguste Commerson

Dans le bonheur d'autrui, je cherche mon bonheur.

Pierre Corneille

Le bonheur se distingue du plaisir: ce dernier n'est pas lié au sentiement de l'existence, on ne s'y oublie pas en tant qu'être singulier. Ici se loge la deuxième raison qui peut expliquer la rareté de ce bonheur en littérature.

Dalai Lama

Le bonheur c'est d'avoir quelqu'un à perdre.

Philippe Delerm

Le bonheur et le malheur se trouvent dans l'âme.

Démocrite

Le bonheur, on ne le trouve pas, on le fait. Le bonheur ne dépend pas d ce qui nous manque, mais de la façon dont nous nous servons de ce que nous avons.

Arnaud Desjardins

Bonheur: un mot fragile, évanescent, léger, surtout.

Philippe Delerm

Le bonheur le plus doux est celui qu'on partage.

Jacques Delille

Le bonheur ne se définit pas par un grand calme, mais plutôt par la sensation d'être terriblement vivant.

Tara Depré

Le bonheur ne se cache pas.

Céline Dion

Rêve ta vie en couleur, c'est le secret du bonheur.

Walt Disney

On peut oublier Dieu pendant le bonheur, mais lorsque le bonheur

fait place à l'infortune, c'est toujours à Dieu qu'il faut revenir
Alexandre Dumas

Il ne faut jamais chercher le bonheur. Il passe sur la route, mais toujours en sens inverse.

Isabelle Eberhardt

Le bonheur ne consiste pas à acquérir et à jouir, mais à ne rien désirer, car il consiste à être libre.

Epictète, extrait de Manuel

Le dernier degré du bonheur est l'absence de tout mal.

Epicure

Bonheur: sensation de bien-être qui peut conduire à l'imprudence. Si vous nagez dans le bonheur, soyer prudent, restez là où vous avez pied.

Marc Escayrol

Le bonheur rend aveugle.

Eschyle

J'ai appris que le bonheur c'est de savoir que le bonheur n'existe pas.
René Fallet

Le bonheur ce n'est ni l'amour, ni la richesse, ni le pouvoir. Le bonheur, c'est la poursuite d'objectifs réalisables: un régime, qu'est-ce d'autre ?

Helen Fielding

Bonheur: as-tu réfléchi combien cet horrible mot a fait couler de larmes ? Sans ce mot-là, on dormirait plus tranquille et on vivrait à l'aise.

Gustave Flaubert

Le bonheur c'est lorsque vos actes sont en accord avec vos paroles.
Gandhi

Aimer ne peut être que joie et bonheur, sinon ce n'est pas de l'amour.
Jean Gastaldi

Le bon vivant n'est pas celui qui mange beaucoup, mais celui qui goûte avec bonheur à toutes les formes de la vie.

Jean Gastaldi

Je ne peux malheureusement acheter que ce qui est à vendre, sinon, il y a longtemps que je me serais payé un peu de bonheur.

Jean-Paul Getty

Rien n'empêche le bonheur comme le souvenir du bonheur.

André Gide

J'ai besoin du bonheur de tous pour être heureux.

André Gide

Bonheur: faire ce que l'on veut et vouloir ce que l'on fait.

François Giroud

Le bonheur est contagieux: entourez-vous de visage heureux.

Dominique Glocheux

Chacun porte son bonheur en soi.

Witold Gombrowicz

Ce n'est pas à la possession des biens qu'est attaché le bonheur, mais à la faculté d'en jouir. Le bonheur n'est qu'une aptitude.

Berard Grasset

Le bonheur n'est pas de chercher le bonheur, mais d'éviter l'ennui. C'est faisable avec de l'entêtement.

Gustave Flaubert

La contemplation de certains bonheurs dégoûte du bonheur: quel orgueil ! c'est quand on est jeune surtout que la vue des félicités vulgaires vous donne la nausée de la vie.

Gustave Flaubert

Les femmes des uns font le bonheur des autres.

Gustave Flaubert

Le grand obstacle au bonheur, c'est de s'attendre à un trop grand bonheur.

Bernard Fontenelle

Le plus grand secret pour le bonheur, c'est d'être bien avec soi.

Bernard Fontenelle

Le bonheur est une chose terrible à supporter. Surtout lorsque ce bonheur n'est pas celui pour lequel on avait arrangé toute sa vie.

Alain Fournier

Le bonheur consiste dans l'égalité des désirs et des forces.

Eugène Fromentin

Le bonheur compense en intensité ce qui lui manque en durée.

Robert Frost

Les amis sont ceux qui vous forcent au bonheur.

Denys Gagnon

Accepter les dépendances que nous impose la nature, c'est la sagesse; les aimer, c'est le bonheur.

Bernard Grasset

Le bonheur ne se cherche pas: on le rencontre. Il n'est que de savoir le reconnaître et de pouvoir l'accueillir.

Bernard Grasset

Pour la jeunesse, le bonheur c'est jouir. Ne pas souffrir est le bonheur de l'âge.

Julien Green

Dieu garde pour lui la vision du bonheur. On peut essayer de l'imaginer.

Jean-Pierre Guy

Non , être aimé ne donne pas le bonheur. Mais aimer, çà c'est le bonheur !

Hermann Hesse

Sur les flots, sur les grands chemins, nous poursuivons le bonheur. Mais il est ici, le bonheur.

Horace

Le devoir a une grande ressemblance avec le bonheur d'autrui.

Victor Hugo

Désormais, je sais faire durer une seconde de bonheur. Il faut la vivre comme si c'était la dernière: le bonheur n'attend pas.

Nicolas Hulot

Le bonheur est un maître exigeant, surtout le bonheur d'autrui.
Aldous Huxley

La seule vraie rébellion est la recherche du bonheur.
Henrik Ibsen

Manifester son bonheur est un devoir; être ouvertement heureux donne aux autres la preuve que le bonheur est possible.
Albert Jacquard

L'action n'apporte pas toujours le bonheur, mais il n'y a pas de bonheur sans action.
William James

La permissivité ne fait pas le bonheur.
Jean-Paul II

Le plaisir n'est que le bonheur d'un point du corps. Le vrai bonheur, le seul bonheur, tout le bonheur est dans le bien-être de toute l'âme.
Joseph Joubert

L'espérance est un emprunt fait au bonheur.
Joseph Joubert

Il entre dans la composition de tout bonheur l'idée de l'avoir mérité.
Joseph Joubert

Du moment que le bonheur, c'est de vivre, on doit le trouver aussi bien dans la douleur que dans le plaisir et parfois jusque dans l'ennui.
Marcel Jouhandeau

Le bonheur supprime la vieillesse.
Franz Kafka

Peut-être le bonheur n'est-il qu'un contraste, mais il y a une foule de petits bonheurs qui suffisent pour parfumer la vie.
Alphonse Karr

Le sort de chaque homme est décidé avant lui-même qu'il n'ait vu la lumière de la vie. Bonheur et malheur lui sont prédestinés avant sa naissance.

Raden Adjery Kartini

L'éducation ne fait pas le bonheur.

Eugène Labiche

Le bonheur est la vocation de l'homme.

Henri Lacordaire

L'égoïsme consiste à faire son bonheur du malheur de tous.

Henri Lacordaire

Si le bonheur extérieur n'est que le hasard, le bonheur intérieur tu dois le construire toi-même.

Johan Kaspar Lavater

Le bonheur, c'est tout ce qui arrive entre deux emmerdements....

Jean-Baptiste Lafond

Le bonheur est un métier, il s'apprend.

Marie Laforêt

Le bonheur c'est le sourire du coeur.

Delphine La motte

Le bonheur naît du malheur, le malheur est caché au sein du bonheur.

Lao-Tseu

Le bonheur repose sur le malheur, le malheur couve sous le bonheur. Qui connaît leur apogée respective ?

Lao-Tseu

Il ne faut pas piétiner sur le bonheur des autres pour arriver à son propre bonheur.

Michelle Le Normand

Si les peines détruisent le bonheur, les plaisirs le dérangent

Duc de Lévis

Et si nous valions mieux que le bonheur ?

Franz Liszt

Faites simple: préférez le bonheur !

Olivier Lockert

Un des plus grands bonheurs de cette vie, c'est l'amitié; et l'un des bonheurs de l'amitié, 'est d'avoir à qui confier un secret.

Alessandro Manzoni

Celui qui aime la gloire met son propre bonheur dans les émotions d'un autre. Celui qui aime le plaisir met son bonheur dans ses propres penchants. Mais l'homme intelligent le place dans sa propre conduite.

Marc-Aurèle

Le bonheur n'est que dans ce qui agite, et il n'y a que le crime qui agite: la vertu, qui n'est qu'un état d'inaction, et de repos, ne peut jamais conduire au bonheur.

Marquis de Sade

Tout le bonheur des hommes est dans l'imagination

Marquis de Sade

Tout bonheur commence par un petit déjeuner tranquille.

Somerset Maughan

Le bonheur n'est jamais immobile; le bonheur c'est le répit dans l'inquiétude.

André Maurois

Le bonheur et le malheur ne viennent que de nous-mêmes.µ

Meng-Tsen

Vous cherchez le bonheur, pauvres fous ? Passez votre chemin: le bonheur n'est nulle part

Louise Michel

Le bonheur n'a pas bonne presse chez les intellectuels. Il n'est pas de bonne compagnie. Disons-le tout net: il fait honte parce qu'il interpelle.

Robert Mishari

Le bonheur est un ange au visage grave.

Amedeo Modigliani

Le bonheur ne se perçoit pas sans esprit et sans vigueur.

Montaigne

Il faudrait convaincre les hommes du bonheur qu'ils ignorent, lors même qu'ils en jouissent.

Montesquieu

Le bonheur est une force comme le sont l'électricité, la pesanteur, le son... et toute force est dirigée par des lois.

Michèle Morgan

Le bonheur existe. Il est dans l'amour, la santé, la paix, le confort matériel, les arts, la nature et encore à des milliers d'endroits.

Michèle Morgan

La gravité est le bonheur des imbéciles.

Montesquieu

Le bonheur tient aux évènements, la félicité tient aux affections.

Napoléon Bonaparte

Le bonheur est une femme.

anonyme

Le bonheur, à vrai dire, est toute la sagesse, et rêver est tout le bonheur.

Charles Nodier

Il n'y a pas besoin de parler. Il n'y a que deux choses qui servent au bonheur: c'est de croire et d'aimer.

Charles Nodier

Le bonheur forcé est un cauchemar.

Amélie Nothomb

L'argent ne fait pas le bonheur. Le vice non plus, sans doute. La vertu ? Si peu. Qu'est-ce qui fait le bonheur ? Un peu de tout, peut-être ?

Ernest Ouellet

Le seul bonheur qu'on a vient du bonheur qu'on donne.

Edouard Pailleron

Le bonheur est dans la possession des êtres ou des choses que l'on aime. On doit vivre pour réaliser le bonheur de ces êtres.

Ernest Pallascio-Morin

L'enfance trouve son paradis dans l'instant. Elle ne demande pas du bonheur. Elle est le bonheur.

Louis Pauwels

Il n'est point de bonheur sans liberté, ni de liberté sans courage.

Périclès

Le bonheur continu nous rend audacieux.

Charles Perrault

Le bonheur c'est toujours pour demain.

Pierre Perret

A-t-il quelque part un ruisseau d'eau pure ? N'existe-t-il pas cet amour qui dure ? Le bonheur est-il bref comme un orage en ciel d'été ?

Pierre Perret

Le bonheur est toujours une quête à renouveler.

Michel Piccoli

Etre étonné, c'est un bonheur; et rêver, n'est-ce pas un bonheur aussi ?

Edgar Allan Poe

Ce qui est infini cela seul est le bonheur. Il n'y a pas de bonheur dans le fini.

Swami Prajnanpada

La recherche du bonheur est la recherche de nous-mêmes. Le bonheur est différents pour chacun de nous; il est différent comme les vocations: identique et uniforme, il serait sa propre négation.

Jean Prieur

Le bonheur, c'est d'être heureux; ce n'est pas de faire croire aux autres qu'on l'est.

Jules Renard

On n'est pas heureux: notre bonheur, c'est le silence du malheur.

Jules Renard

Le goût mûrit aux dépens du bonheur

Jules Renard

Le bonheur c'est de chercher.

Jules Renard

Le bonheur c'est de le chercher

Jules Renard

J'ai fait la magique étude du bonheur, que nul n'élude

Arthur Rimbaud

Le bonheur dont on se souvient est souvent un bonheur perdu.

Hélène Rioux

Le désir est à la passion ce que le plaisir est au bonheur: mais le désir devient souvent passion, et nul plaisir n'est encore devenu bonheur.

Rivarol

En quoi le bonheur peut-il bien consister sinon à n'être pas trop malheureux entre des malheurs.

Jean Rostand

Le vrai malheur rend le vrai bonheur presque inimaginable.

Claude Roy

La plupart des hommes font du bonheur une condition. Mais le bonheur ne se rencontre que lorsqu'on ne pose pas de condition.

Arthur Rubinstein

De toutes les formes de prudence, la prudence en amour est peut-être celle qui est la plus fatale au vrai bonheur.

Bertrand Russel

Pour moi, le bonheur, c'est d'abord d'être bien.

Françoise Sagan

Le bonheur n'est jamais triste ou gai. Il est le bonheur

Armand Salacrou

Le bonheur, c'est de continuer à désirer ce qu'on possède.

Saint-Augustin

Si tu veux comprendre le mot bonheur, il faut l'entendre comme récompense et non comme but.

Antoine de Saint –Exupéry

Il y a plus de bonheur à donner qu'à recevoir.

Saint Luc

L'origine de toute joie en ce monde est la quête du bonheur d'autrui. L'origine de toute souffrance en ce monde est la quête de mon propre bonheur.

Shantideva

Le chocolat est ruine, bonheur, plaisir, amour, extase, fantaisie...

Elaine Sherman

Une bonne cuisinière est une fée qui dispense le bonheur.

Elsa Schiaparelli

Une chute profonde mène souvent vers le plus grand bonheur.

William Shakespeare

Si tu persistes en tournant le dos a la réalité, le bonheur et le malheur glisseront sur ton coeur comme l'eau du torrent sur les galets. Or l'homme a besoin du bonheur et du malheur pour marcher en équilibre.

Gilbert Sinoué

Le bonheur c'est le plaisir sans remords.

Socrate

L'homme porte en lui la semence de tout bonheur et de tout malheur.

Sophocle

La gloire est le deuil éclatant du bonheur.

Madame de Stael

La beauté n'est que la promesse du bonheur.

Stendhal

L'ignorance n'arien de honteux, la plupart des hommes voient en elle le bonheur. Et, de fait, elle est le seul bonheur possible en ce monde.

Patrick Suskind

Il n'y a pas de bonheur pour nous. Nous ne devons que travailler: quand au bonheur, il appartient à notre lointaine progéniture.

Anton Tchekhov

Le malheur des bons fait le bonheur des méchants.

Théognis

Le bonheur est une chose qui se vit et se sent, et non qui se raisonne et se définit.

Miguel de Unamuno

Mais qu'est-ce que le bonheur ? Il faudrait d'abord le définir et une définition du bonheur est encore moins évidente qu'une définition du progrès.

Vercors

Le plaisir est plus rapide que le bonheur et le bonheur que la félicité.

Voltaire

Le bonheur n'était autrefois qu'une heure fortunée

Voltaire

Nous recherchons tous le bonheur, mais sans savoir où , comme des ivrognes qui cherchent leur maison, sachant confusément qu'ils en ont une.

Voltaire

On ne peut le saisir: le bonheur a des ailes.

Damoclès Vieux

Qu'heureux seraient les hommes des champs s'ils connaissaient leur bonheur !

Virgile

L'attitude, non pas les circonstances extérieures, détermine le bonheur.

Rebecca Wells

Il y a certainement des gens heureux de vivre, dont les jouissances ne ratent pas et qui se gorgent de bonheur et de succès.

Emile Zola

La science a-t-elle promis le bonheur? Je ne le crois pas. Elle a promis la vérité, et la question est de savoir si l'on fera jamais du bonheur avec de la vérité.

Emile Zola

Le bonheur, c'est ce qui fonctionne.

Fritz Zorn

* En somme la beauté est partout, ce n'est pas elle qui manque à nos yeux, ce sont nos yeux qui manquent à l'apercevoir..."

* Quand une porte du bonheur se ferme, une autre s’ouvre, mais nous, nous continuons à regarder la porte fermée et nous n’accordons pas d’importance à celle que nous venons d’ouvrir

* Ne te fie pas aux apparences, elles sont souvent trompeuses. Ne t’intéresse pas à la richesse, elle disparaîtra. Cherche quelqu’un qui te communique le rire car il en suffit d'un pour que la journée la plus triste devienne meilleure. Cherche quelqu’un qui fasse rire ton coeur.

* Les chanceux n’ont pas forcément le meilleur du meilleur. Ils cherchent simplement le meilleur de ce qu’ils rencontrent sur leur chemin.

* Celui à qui la souffrance est épargnée doit se sentir appelé à soulager celle des autres.

Albert SCHWEITZER

* Toutes les souffrances peuvent s'oublier si la peine est partagée par des amis et que l'amitié la console

* Dans toutes les larmes s'attarde un espoir .

Simone DE BEAUVOIR

* Les pleurs des vieillards sont aussi terribles que ceux des enfants sont naturels.

Honoré DE BALZAC

* Si vous nagez dans le bonheur, soyez prudent, restez là où vous avez pied.

Marc Escayrol

* Profite de chaque moment, si tu ne veux pas plus tard avoir des regrets, et te dire que tu as perdu ta jeunesse.

Paulo COELHO

* Je suis toujours en quête d'un bonheur inaccessible car j'ai sans aucun doute mis la barre trop haut. Peu importe puisque ce sont les rêves qui me font bien vivre.

* Aimez davantage la vie, le bonheur sera votre récompense

* La tristesse vient de la solitude du coeur - Montesquieu

* Seul celui qui est heureux peut répandre le bonheur autour de lui .

Paulo Coelho

* Le bonheur est une sorte d'archipel composé d'instants heureux. Entre ces îlots il y a de l'errance et de la solitude.

Patrice Lepage

* Le bonheur n'a point d'enseigne extérieure ; pour le connaître, il faudrait lire dans le coeur de l'homme heureux .

Jean-Jacques Rousseau

* C'est de par leur caractère que les hommes sont ce qu'ils sont, mais c'est de par leurs actions qu'ils sont heureux, ou le contraire.

Aristote

* Il y a toujours mille soleils à l'envers des nuages.

* On peut défaire n'importe quel bonheur par la mauvaise volonté

* Le bonheur n'est pas dans la recherche de la perfection, mais dans la tolérance de l'imperfection.

* Tu trouveras, dans la joie ou dans la peine, ma triste main pour soutenir la tienne, mon triste coeur pour écouter le tien.

Alfred de Musset

* Apprends à écrire tes blessures dans le sable et à graver tes joies dans la pierre

* Il n'est pas de joie qui égale celle de se créer de nouvelles amitiés.

Proverbe chinois

* La joie est le soleil des âmes ; elle illumine celui qui la possède et réchauffe tous ceux qui en reçoivent les rayons.

Carl Reysz

* Si tu pleures trop parce que tu as perdu ton soleil, tes larmes t'empêcheront de voir les étoiles.

* Lorsque tu as du chagrin, hâte toi de pleurer car la peine ne se conserve pas .

* Le vrai désespoir, c'est de pleurer au soleil.

* Il vaut mieux garder la nostalgie d'un paradis en le quittant que de le transformer en enfer en y restant .

* Les rêves, les désirs et les espoirs sont les étoiles de nos vies !

* J'ai parfois l'impression de vagabonder autour du monde dans le seul but d'accumuler le matériau de futures nostalgies .

* Les occasions de nostalgie sont rares, il faut les cultiver. Car bien sûr, c'est de cela que demain sera fait.

* Nos chagrins d'aujourd'hui sont faits de nos joies d'hier

* On ne peut jamais tourner une page de sa vie sans que s'y accroche une certaine nostalgie

* Un petit verre de vin d'Alsace, c'est comme une robe légère, une fleur de printemps, c'est le rayon de soleil qui vient égayer la vie.

Christian Dior

* L'invisible araignée de la mélancolie étend toujours sa toile grise sur les lieux où nous fûmes heureux et d'où le bonheur s'est enfui

* Tant d'hommes qu'on croit heureux parce qu'on ne les voit que passer

* Il y a toujours un fond de mélancolie sur les sommets du bonheur

* La mélancolie, c'est le bonheur de la tristesse .

* Enfin la paix avait éclaté dans ma vie

* Il n'y a plus assez de musique dans son coeur pour faire danser sa vie

* Le bonheur, c'est savoir ce que l'on veut et le vouloir passionnément .

* Être heureux, c'est être beau dans le regard des autres

* Le plus grand secret du bonheur, c'est d'être bien avec soi

* Ce n'est pas moi qui pleure, ce sont mes yeux

* Éteint la lumière, je n'ai pas envie de voir la couleur de mes idées noires

* Le bonheur c'est l'orgasme du bien-être

* A quoi bon aller si loin chercher le bonheur, il est là sous nos yeux

* Telle est la vie des hommes, quelques joies très vite effacées par d'innombrables chagrins

* Ne me secoue pas je suis plein de larmes

* L'absence de l'être aimé laisse derrière soi un lent poison qui s'appelle l'oubli

* Il n'est pas de douleur que le sommeil ne sache vaincre

* Dans toutes les larmes s'attarde un espoir

* Le bonheur, cette joie aiguë qui bouleverse le coeur, cette espèce de spasme de l'âme .

Carlo Cassola

* Être belle et aimée ce n'est qu'être femme. Être laide et savoir se faire aimer, c'est être princesse.

* L'héroïsme est peu de chose, le bonheur est plus difficile.

Albert Camus

* On appelle «bonheur» un concours de circonstances qui permette la joie. Mais on appelle «joie» cet état de l'être qui n'a besoin de rien pour se sentir heureux.

André Gide

* Ne peut rien pour le bonheur d'autrui celui qui ne sait être heureux lui-même.

André Gide

* Le souvenir du bonheur n'est plus du bonheur ;
le souvenir de la douleur est de la douleur encore.

Byron

- L'homme est malheureux parce qu'il ne sait pas qu'il est heureux.

Fédor Dostoïevski

- Comment peut-on appeler bonheur un état fugitif qui nous laisse encore le coeur inquiet et vide,qui nous fait regretter quelque chose avant,ou désirer encore quelque chose après?

Jean-Jacques Rousseau

Les Rêveries du Promeneur Solitaire

- Le bonheur n'est pas un luxe ; il est en nous comme nous-mêmes.

Paul Claudel

- Le bonheur, amie, est chose grave.
Il veut des coeurs de bronze et lentement s'y grave.

Victor Hugo

Hernani,V,3,Hernani

- Le bonheur est vide, le malheur est plein.

Victor Hugo

" Il y a deux sortes de gens : ceux qui peuvent être heureux et ne le sont pas, et ceux qui cherchent le bonheur sans le trouver. "

Proverbe Arabe

" Un homme heureux est une barque qui navigue sous un vent favorable. "

Proverbe Chinois

" Un grand obstacle au bonheur, c'est de s'attendre à un trop grand bonheur. "

Fontenelle

" Le plaisir peut s'appuyer sur l'illusion, mais le bonheur repose sur la réalité. "

Chamfort

" Le bonheur est comme l'écho : il vous répond : mais il ne vient pas. "

Carmen Sylva

" Le bonheur naît du malheur, le malheur est caché au sein du bonheur. "

Lao-Tseu

* C'est le sentiment d'un père (ou d'une mère) face au premier sourire de son enfant.

* le bonheur n’arrive pas tout seul. Il exige un travail sur soi.

" On n'est jamais si malheureux qu'on croit ni si heureux qu'on avait espéré. "
"Les hommes que les passions peuvent le plus émouvoir sont capables de goûter le plus de bonheur en cette vie"

René DESCARTES

« Ah ! que pour ton bonheur je donnerais le mien, Quand même tu devrais n'en savoir jamais rien, S'il se pouvait, parfois, que de loin j’entendisse Rire un peu le bonheur né de mon sacrifice ! »

Edmond ROSTAND

« Celui qui veut être heureux [...]change peu de place et en tient peu. »

FONTENELLE

« L'homme jouit du bonheur qu'il ressent, et la femme de celui qu'elle procure. »

Pierre-Ambroise CHODERLOS

« Le véritable moyen de bien jouir d’un bonheur, c’est de l’associer à un autre bonheur. »

Prosper MÉRIMÉE

- J’ai décidé d’être heureux, c’est meilleur pour la santé.

VOLTAIRE

- Il ne faut pas de tout pour faire un monde, il faut du bonheur et rien d’autre.
- L'héroïsme est peu de chose, le bonheur est plus difficile.

Michel CAMUS

- Le bonheur absolu n'a cours que chez les sots.
- Le bonheur est un mythe inventé par le diable pour nous désespérer.

Gustave FLAUBERT

* Le plaisir est le bonheur des fous. Le bonheur est le plaisir des sages.

Jules BARBEY D'AUREVILLY

Tant qu'on désire on peut se passer d'être heureux, on s'attend à le devenir: si le bonheur ne vient point, l'espoir se prolonge et le charme de l'illusion dure autant que la passion qui le cause.

Jean-Jacques ROUSSEAU

- Un obstacle au bonheur, c'est de s'attendre à trop de bonheur.

FONTENELLE

- Soyez heureux, c'est là le vrai bonheur.

Louis Auguste Commerson

» Heureux qui plus rien ne désire !

Pierre de Ronsard

- Le bonheur est bien un présent divin. Aristote .
Heureux ceux qui sont affligés, car ils seront consolés.

La Bible

-"Espérer, c'est être heureux"
-"Le bonheur est une femme."
-"Le bonheur naît du malheur, le malheur est caché au sein du bonheur."
-"La bêtise, c'est l'aptitude au bonheur."
-"Quand quelqu'un me vante une femme aimable et l'amour qu'il a pour elle, je vois un frénétique qui me fait l'éloge d'une vipère, qui me dit qu'elle est charmante, et qu'il en a le bonheur d'être mordu."
-"On reconnaît le bonheur au bruit qu'il fait en claquant la porte."
-"Le bonheur n'est jamais loin, le plus dur est de ce décider à l'atteindre."
-"La patte de lapin, ça porte bonheur, mais pas au lapin."
Aragon, Louis
-"Il n'y a pas d'amour heureux"

Balzac

-"La richesse rend tout supportable, tandis qu'il n'y a pas de bonheur qui ne succombe à la misère"

Baudelaire

-"Tout le malheur des hommes vient de l'espérance"
-"Il y a seulement de la malchance à ne pas être aimé : il y a du malheur à ne point aimer"
-"L'héroïsme est peu de chose, le bonheur est plus difficile."

Chamfort, Alain

-"L'espérance n'est qu'un charlatan qui nous trompe sans cesse ; et, pour moi, le bonheur n'a commencé que lorsque je l'ai eu perdu"

Chateaubriand

-"Il n'y a qu'un malheur, celui d'être né"

Eluard, Paul

"Le bonheur, le premier des biens après la vertu, en est aussi le plus fragile. Il ressemble à cette rose de la pudeur que l'on ne peut toucher sans la flétrir ; il meurt toujours quant on le compare et quelquefois même quand on l'examine"

Kant

"La recherche du bonheur ne peut pas être le fondement de la morale car elle est sans commune mesure avec la raison. Le bonheur est un simple idéal de l'imagination, une réalité empirique, non un impératif catégorique."

Inconnu

"Ni l'or ni la grandeur ne nous rendent heureux."

Jean de la Fontaine

- "Nulle part le bonheur ne m'attend."

De Lamartine

- "Si l'on bâtissait la maison du bonheur, la plus grande pièce serait la salle d'attente."

- "A mesure que la possession de vivre est plus courte, il me la faut rendre plus profonde et plus pleine."

- "Tout le malheur des hommes vient d'une seule chose qui est de ne savoir demeurer au repos dans une chambre."

Powell, Dan

- "Etre égoïste, capricieuse, méchante, vaniteuse, c'est la recette la plus sûre pour garantir son propre bonheur."

Renard, Jules

- "On n'est pas heureux : notre bonheur, c'est le silence du malheur."

- "Le bonheur, c'est de le chercher."

- "Le but, c'est d'être heureux. On n'y arrive que lentement, il faut une application quotidienne. Quand on l'est, il reste beaucoup à faire : à consoler les autres."

- "Je me suis bâti de si beaux châteaux en Espagne que les ruines me suffisent pour le restant de mes jours."

Renaud, Line (Chanson)

"C'est là que dans l'espace de quatre ou cinq ans, j'ai joui d'un siècle de vie." "J'ai passé soixante dix ans sur la terre et j'en ai vécu sept."

Souchon, Alain (Chanson)

"Le bonheur est chose légère, Que toujours, notre coeur poursuit, Mais en vain, comme la chimère, On croit le saisir, il s'enfuit"

Voltaire

"La grande affaire, et la seule qu'on doive avoir, c'est de vivre heureux."
"Croyez moi, il n'y a de bonheur dans ce monde, pour notre corps, que d'avoir ses cinq sens en bon état et, pour notre âme, que d'avoir un ami, tout le reste n'est que chimères".
La valeur du bonheur ce n'est pas de le sentir, mais c'est de le chercher. L'auteur

* Si tu n'as pas ce que tu aimes, aime ce que tu as, car le bonheur, c'est apprécier tout ce qu'on a.

L'auteur

* Le bonheur, c'est apprécier chaque instant, car les instants forment la minute, les minutes forment l'heure, les heures forment les jours et les jours forment les années et tout notre âge.

L'auteur

* Le bonheur, c'est d'avoir un espoir à atteindre dans la vie, car sans l'espoir la vie ne vaut pas.

L'auteur

ILLUSIONS DU BONHEUR

* Les hommes se heurtent depuis toujours à la question :

Où se trouve le bonheur ?

Est-ce que le bonheur se trouve au plaisir matériel, les femmes, l'argent ou les désirs?

Est-ce que le bonheur se trouve avec les enfants?

Est-ce que le bonheur se trouve au progrès scientifique?

Est-ce que le bonheur se trouve à la célébrité?

Est-ce que le bonheur se trouve aux certificats?

Est-ce que le bonheur se trouve au pouvoir?

Est-ce que le bonheur se trouve à l'intérieur de nous?

Nombreux sont ceux qui l'ont recherché là où il ne se trouvait pas, et qui sont revenus les mains vides, épuisés, désespérés, comme quelqu'un qui aurait cherché des perles dans le désert.

Certes, à toutes les époques, les gens ont essayé de le trouver dans les jouissances matérielles les plus diverses, dans tous les plaisirs des sens ; mais ils se sont aperçus que cela ne suffisait jamais à conduire au bonheur, et que chaque nouveau plaisir ne faisait souvent que leur créer de nouveaux soucis.

Les pages suivantes nous montrent vraiment où se trouve le véritable bonheur.

Le bonheur et le plaisir matériel

Certains l'ont cru, et ont pensé que le bonheur résidait dans la richesse, dans le luxe, le plaisir et le confort matériel. Mais dans les pays où les gens ont atteint le plus haut niveau de vie, où tout le confort matériel est assuré, qu'il s'agisse de nourriture et de boisson, de vêtements, de logement, de moyens de transport ou des commodités les plus diverses, les gens sont quand même malheureux, souffrent de dépressions et recherchent d'autres moyens d'atteindre le bonheur.

L'abondance des richesses ne fait pas le bonheur et n'en constitue même pas l'élément principal. Au contraire, la richesse matérielle fait parfois le malheur de son propriétaire dans ce monde avant l'autre.

C'est pourquoi Allah - Exalté soit-Il - dit au Saint Coran de certains hypocrites :

« Que leurs biens et leurs enfants ne t'émerveillent pas!" Allah veut seulement les tourmenter par cela dans la vie de ce monde. » Sourate At-Tawba, « Le repentir », verset 55.

Le tourment mentionné ici est celui causé par la peine, le malheur, la douleur et les soucis.

C'est bien ce que nous constatons chez tous ceux dont l'argent et la vie de ce monde sont la principale préoccupation, le seul objectif et l'unique aspiration : ceux-là ressentent toujours une souffrance psychologique, une lassitude du coeur, une pesanteur de l'âme ; qu'ils aient peu ou beaucoup, jamais ils ne sont satisfaits.

Comme l'a dit un auteur ancien, « Celui qui aime ce bas monde doit être déterminé à supporter les malheurs ». L'amoureux de ce bas monde ne peut échapper à trois choses : un souci permanent, une fatigue constante et un regret interminable. En effet, l'amoureux de ce bas monde ne parvient pas plus tôt à obtenir une chose qu'il ne se met à en désirer une autre, comme le dit le hadîth du prophète Mohamad (A lui salut et bénédiction):

« Si le fils d'Adam possédait deux vallées d'or, il en désirerait une troisième. »

Jésus, fils de Marie (A lui salut) a comparé l'amoureux de ce bas monde au buveur de vin : plus il boit, plus il a soif.

En même temps, on ne peut nier que le confort matériel joue un rôle primordial dans la réalisation du bonheur.

le Prophète Mohamad (A lui salut et bénédiction) a dit :« Font partie du bonheur de l'homme: une bonne épouse, une bonne habitation et une bonne monture. »

Toutefois, le confort matériel n'est pas l'élément essentiel du bonheur ;

c'est plutôt une question de qualité que de quantité.

Il suffit à un homme d'être à l'abri des tourments matériels susceptibles de troubler l'existence, comme une mauvaise femme, une mauvaise habitation ou une mauvaise monture, de jouir de la sécurité et de la santé et de pouvoir assurer sa subsistance sans difficulté excessive.

Combien juste est cette parole du Prophète (A lui salut et bénédiction) : « Celui qui se réveille le matin en sécurité, en bonne santé, ayant de quoi manger pour la journée, c'est comme si ce bas monde tout entier lui appartenait» Rapporté par Al-Boukhârî .

Si le bonheur est un arbre qui prend racine dans l'âme et dans le coeur de l'être humain, la foi en Allah et au jour dernier en sont l'eau et la nourriture, l'air et la lumière.

La foi fait jaillir dans le coeur de l'être humain des sources intarissables sans lesquelles le bonheur ne saurait se réaliser : ces sources sont la sérénité, la sécurité, l'espoir, le contentement et l'amour.

En fin, une question se pose ici:

L'argent peut-il acheter ces choses inestimables:

La santé, L'amour, L'indépendance, Des amis de qualité,

La satisfaction, Le respect des autres, La bonne foi, la réputation, L'honorabilité, La longévité, La créativité personnelle, Les réalisations, Une famille aimante, La tranquillité d'esprit, Le sens de l'humour, La patience, La compassion, La santé mentale, La cordialité, Le charme, L'estime de soi, La réalisation spirituelle, La gratitude, La générosité, La noblesse d'esprit, La forme physique, Le temps, La sagesse, La paix de l'âme ou les bonnes mœurs?

Le bonheur et les enfants

A vrai dire, les enfants sont, assurément la fleur de la vie, la beauté de ce monde et la cause de notre existence, la vie qui nous donne la vie, l'arbre qui nous comble de ses ombres et de ses branches qui nous protègent, la rose dont l'odeur parfume les quatre coins du monde, le remède qui guérit nos malheurs et nos coeurs, l'espoir auquel on s'attache à jamais et pour lequel on passe par les dangers, le soleil tiède qui nous réchauffe et brille dans nos journées, la pleine lune qui allume toutes nos nuits, l'ange pur qui s'est installé sur le trône de notre coeur, le mot suave qui donne une signification et un goût à notre vie et enfin, les enfants sont tout notre univers.

Cependant, il arrive souvent, que les enfants n'apportent que des peines à leurs parents et les récompensent par la désobéissance et l'ingratitude au lieu de leur manifester la bonté et le respect.

Il arrive même que des enfants tuent leurs parents pour posséder leur fortune ou parce qu' ils font obstacle à leurs passions.

Ainsi un père se lamente-t-il en s'adressant à son enfant :

« Je t' ai nourri tout petit, enfant j'ai subvenu à tes besoins. Tu grandissais en t'abreuvant de mes conseils. Si un soir t'avait causé quelque peine, j'en passais la nuit éveillé, agité. Mais lorsque tu as atteint l'âge de raison, voilà que tu me récompenses par la dureté et la brutalité, comme si c'était toi le généreux bienfaiteur ! »

Nous avons vu bien des exemples étranges de l'ingratitude des enfants et de la détresse des parents, et nous en avons entendu parler d'autres plus étranges encore.

Les parents se sont, de tous temps, désespérés de l'ingratitude de leurs enfants, à l'image du Roi Lear de Shakespeare qui s'exclamait : « Combien plus cruelle que la dent du serpent est l'ingratitude d'un enfant » !

Le bonheur et le progrès scientifique

La science expérimentale, qui a permis de rapprocher les gens au-delà des distances et d'affronter les difficultés, peut-elle aussi réaliser le bonheur ?

Certes, comme le dit le Docteur Mohamad Hossein Haykal, la science nous a permis de découvrir un grand nombre de secrets de la vie et d'en tirer profit à un degré que nos prédécesseurs n'auraient même pas imaginé.

Il est vrai également que la soif de connaissance fait partie de la nature humaine. L'homme ne parvient pas plus tôt à connaître une chose, qu'il n'aspire à approfondir encore sa connaissance ou ne se tourne vers un autre objet de recherche. Mais il est vrai aussi que la science n'ouvre pas la porte du bonheur. Au contraire, elle conduit souvent à l'ennui ou à l'inquiétude.

Le bonheur, c'est ce beau rêve que nous voyons briller devant nous, que nous cherchons à saisir mais dont nous n'avons jamais assez : depuis l'aube de l'humanité, les hommes ont toujours couru derrière le bonheur, mais dès qu'ils pensent avoir atteint le but, voilà que le démon du malheur vient leur barrer la route. Ce bonheur tant cherché ne réside pas dans la science, car la science correspond à un désir et le désir ne saurait apporter le bonheur. Combien de savants ont consacré leur vie à la science, pour éprouver au bout du chemin, d'amers regrets en constatant que leur science ne leur avait apporté qu'un surcroît de peine ; ceux-là ont alors recommandé que leurs enfants soient éduqués dans la foi et suivent leur nature.

Notre connaissance, aussi vaste qu'elle puisse être, reste infime par rapport à l'immensité de cet univers infini. Ainsi Nietzsche et d'autres grands penseurs, qui dans la flamme de leur jeunesse affirmaient que la science parviendrait un jour ou l'autre à déchirer le voile de l'Invisible, ont faibli en voyant que ce voile était sans fin, et ont bien dû admettre qu'ils couraient derrière un mirage dépourvu de réalité, même si le but de ce mirage était justement de percer le secret de la réalité.

Le philosophe britannique Bertrand Russel, malgré son point de vue matérialiste, reconnaît que si la science a permis à l'homme de sortir vainqueur de sa lutte contre la nature, elle ne lui a été d'aucun secours dans sa lutte contre lui-même, et que dans ce domaine c'est toujours la foi qui l'emporte.

Le bonheur et la célébrité

* Le bonheur se trouve-t-il dans la célébrité comme le sport et l'art? Les gens croient que le bonheur se trouve seulement entre les mains des sportifs et des artistes.

- *Les Sportifs:*

* La plupart des gens de sport vivent dans la misère jour et nuit, de camp en camp et d'un voyage à l'autre; ils ne restent avec leurs familles qu'un peu de temps.

* Ajoutons à tout cela leur confusion et leur tension pendant chaque match et leur mélancolie pendant chaque défaite, comment trouvent-ils le bonheur? Et même si c'est un bonheur, il sera falsifié et non pas essentiel.

- *Les Artistes:*

* Aussi voit-on les artistes surtout les acteurs et les chanteurs, on croit qu'ils vivent dans un bonheur constant, mais non; ils passent tous les temps à tourner des films, des feuilletons ou en dansant et chantant.

* On voit aussi que parmi les artistes il y a beaucoup de cas divorce; comment peuvent-ils trouver le bonheur?

Le bonheur et les certificats

* Le bonheur se trouve-t-il en recevant les certificats?

Voilà cette histoire d'une femme médecin qui crie à haute voix:" Au secours, prenez tous mes certificats et donnez-moi un mari".

On croit qu'une femme médecin est très heureuse, car tout le monde voit que le diplôme de la médecine est plus distingué que les autres et c'est un mauvais point de vue; voilà ce que dit cette femme célèbre:

" Il est sept heures, le temps où je vais à mon cimetière (elle veut dire sa clinique) et quand j'arrive à ma prison (son bureau) je vois que les femmes et les enfants m'attendent impatiemment. Elles regardent mon uniforme blanc comme s'il est en soie dorée, mais je le vois un vêtement de deuil.

Je porte ma corde autour de mon cou (son stéthoscope) ".

Elle dit aussi: " Prenez les certificats, mes uniformes, mes références et tout mon argent pour écouter le mot (Maman)".

Ne voyez-vous que les certificats ne rendent pas les autres heureux?

Le bonheur et le pouvoir

* On croit que ceux qui possèdent de grands postes et remarquables comme les leaders, les présidents, les princes, les rois et les ministres sont heureux, mais leur responsabilité est si grande à ne pas avoir le temps d'être heureux.

* Aussi les soucis de la plupart de ces gens réside dans la collection des richesses en oubliant le bien-être de leurs peuples.

Le bonheur se trouve à l'intérieur de l'être humain

Le bonheur ne réside donc pas dans la richesse, dans la puissance, dans les certificats, dans la célébrité, dans l'abondance des enfants, dans le profit, ni encore dans la science matérielle.

Le bonheur est quelque chose d'abstrait, qui ne saurait être mesuré ou contenu ni acheté avec de l'argent.

Le bonheur est quelque chose que l'être humain ressent au fond de lui-même... une pureté de l'âme, une sérénité du coeur, une joie intérieure, une paix de la conscience.

Le bonheur est quelque chose qui émane de l'intérieur de l'être humain, et non pas quelque chose qu'il peut se procurer à l'extérieur.

On raconte qu'un mari, se querellant avec sa femme, lui dit en la menaçant :« Je te rendrai malheureuse ! »

La femme répondit calmement :« Tu n'as pas le pouvoir de me rendre malheureuse, pas plus que de me rendre heureuse. »

Le mari, furieux, demanda : « Comment cela, je n'en ai pas le pouvoir ? »

La femme répondit avec assurance : « Si le bonheur était une question d'argent tu pourrais m'en priver ; s'il venait des parures et des bijoux tu pourrais m'en dépouiller ; mais le bonheur émane de quelque chose sur quoi tu n'as aucun pouvoir, ni toi ni personne au monde! »

Le mari, surpris, demanda : « Et qu'est-ce que c'est ? »

La femme répondit avec conviction : « Je trouve le bonheur dans ma foi, et ma foi est dans mon coeur ; et personne n'a le pouvoir sur mon coeur, à part Allah ! »

Voilà ce qu'est le bonheur véritable, le bonheur qu'aucun être humain n'a le pouvoir de donner, ni de reprendre à celui qui le possède.

COMMENT ETRE HEUREUX?

Personne ne peut cacher sa tristesse à cause des problèmes et des guerres qui ont lieu dans les quatre coins du monde, mais malgré tout ça, on doit être ferme en sentant le bonheur, en assumant toutes les difficultés et en affrontant les défis du temps, c'est pour quoi je vous cite ici dans ce chapitre les meilleurs conseils du monde, des conseils tout à fait précieux dont nous avons besoin dans ces jours.
Donc, essaie d'être heureux avant qu'il soit trop tard.

Il faut varier votre vie

* Votre vie doit être variée, c'est pourquoi il faut diviser le temps pour chasser l'ennui, un temps pour la prière, la science, le lien de parenté, la promenade, pratiquer le sport et rendre visite à un ami ....etc.
* Aussi en demandant la science, il faut varier; tantôt la littérature, tantôt l'histoire, parfois la religion, parfois la langue.

* Si vous concentrez bien vous découvrirez que Dieu a créé quatre saisons: l'été, l'hiver, l'automne et le printemps, la froideur et la chaleur, la lumière et les ténèbres.
* Dieu a fait aussi la paix et la guerre, la santé et la maladie et c'est beau que le jardin contienne toutes sortes de fleurs et de fruits.

Il faut avoir un but

Le manque d'un but est la cause principale de la misère des gens.
Le but nous permet de dépasser les obstacles que nous affrontons, car l'homme sans but est tout à fait perdu; peut-on imaginer un pilote d'un avion qui décolle sans savoir sa destination?

Le secret du bonheur

Le secret du bonheur réside dans la paix de l'âme et aussi c'est avoir un bon cœur rassuré ce qui mène à jouir de la vie malgré les problèmes et les soucis.

Le bonheur est proche

Peut-être le bonheur est-il si proche que l'on ne peut le voir.
Parfois on passe la vie à le chercher, mais en vain .....
Est-il de rendre visite à un ami malade?

Est-il d'avoir recours à Dieu?

Qu'a-t- on profité de la tristesse?

* A toi qui as rempli les pages de ta vie de tristesse, qu'as-tu profité de la tristesse? La tristesse t'a rendu un sourire perdu? La tristesse t'a rendu ton argent volé, t'a éloigné les envieux ou bien t'a rendu ta santé? Donc, pourquoi la tristesse?

* Ne t'afflige pas, car la vie est une douleur cachée par un espoir réalisé par un travail terminé par un destin.
* Ne t'afflige pas; la tristesse n'arrête pas le temps, ne cache pas le soleil et ne tourne pas les aiguilles de la montre.
* Ne t'afflige pas, car la tristesse est comme l'orage qui corrompt l'air, gaspille l'eau, change le ciel et brise les roses les plus fraîches.
* Ne t'afflige pas, ton véritable âge est les moments du bonheur, donc ne perds pas tes jours et tes nuits dans le chagrin.
* Ne t'afflige pas, par la tristesse tes biens, tes châteaux et ton argent ne font qu'augmenter tes soucis.
* Ne t'afflige pas; à quoi servent les remèdes et les consultations des médecins alors que tu as enraciné la tristesse dans ton cœur en lui étalant tes ailes.
* Ne t'afflige pas; Dieu a créé pour toi la terre, les jardins fleurissants, les étoiles et les planètes et a fait couler les rivières.
* Ne t'afflige pas; tu bois de l'eau potable, tu respires l'air frais, tu marches à pied et tu dors la nuit sain et sauf.
* Ne t'afflige pas; la tristesse t'accorde la frustration et te cause le pessimisme et le malentendu.
* Ne t'afflige pas, car la tristesse et l'inquiétude sont la cause des maladies psychologiques, la source des douleurs nerveuses et l'effondrement nerveux.
* Ne t'afflige pas et ne te donne totalement ni à la tristesse ni au chômage; lis, écris, travaille, réfléchis, prie .....etc.
* Ne t'afflige pas, car la tristesse tourmente le passé et le présent et cause la peur de demain.
* Ne t'afflige pas; la tristesse serre le cœur, éteint l'esprit, vient au bout de l'espoir et rend le visage laid.

* Ne t'afflige pas, car la tristesse réjouit les ennemis et afflige les amis.
* Ne t'afflige pas; la tristesse vient du Satan, c'est un grand désespoir, une véritable frustration et un échec certain.

Les chagrins ne restent pas

* Même si les chagrins s'aggravent, ils ne resteront pour toujours et si tu souffres aujourd'hui, demain bien sûr tu puiseras aux sources du bonheur.
* Les moments du désespoir les plus difficiles sont ceux les plus proches du jaillissement de l'espoir et même si les chagrins arrivent à leur apogée, un jour ils se gaspilleront pour naître une nouvelle aube pleine de bonheur, de lumière et de prospérité.

Le bonheur est en toi

* Le bonheur est à l'intérieur de toi, pourquoi donc tu le cherches ailleurs?
* Le bonheur est dans la foi, dans la satisfaction, avec les bons amis, le bonheur d'autrui, orphelin, pauvre, malade et affligé.

La patience

* Il faut qu'on patiente dans toutes les conditions pour ne pas redoubler la tristesse; on mourra maintenant ou après, laissant la vie avec ses délices et ses chagrins.

Le couteau des illusions

* Etant triste, ainsi tu t'égorges chaque jour par le couteau des illusions.
* On prédit l'échec à l'examen du doctorat, l'effondrement de sa maison dans dix ans, l'augmentation des prix et l'échec de ses projets en portant toutes les soucis du globe terrestre sur la tête; ce genre d'hommes vit comme s'il est dans une guerre mondiale oubliant que Dieu est miséricordieux.

Tu n'es pas le seul

* tu n'es pas le seul dans la vie qui souffres, si tu connais l'histoire des religions tu trouveras que les prophètes élus, les exemples à suivre sont ceux qui ont beaucoup souffert comme le prophète Ibrahim, Noé, Joseph, Jésus Christ et notre prophète Mohamad (A lui

salut et bénédiction).

L'ennemi

* On peut profiter plus de l'ennemi que de l'ami.
* L'ennemi ne te favorise, mais il te critique, ce qui peut te mener à connaître tes fautes.
* L'ennemi te rend vigilant et prêt toujours en te montrant tes défauts ce qui te mène à la perfection.

L'espoir

* Il n'y a pas de vie sans espoir, donc sans l'espoir, la vie n'a pas de signification.
* Si tu ne peux pas être une lune au ciel, essaie d'être dans la terre, une étoile.
* Avec l'espoir, on est armé et défie tout et sans l'espoir, on se perd et la vie devient impossible.
* Le désespoir est une des empreintes de la faible personnalité.
* L'espoir marche parallèlement avec la vie et quand il s'arrête, c'est-à-dire que la vie va s'arrêter.
* L'espoir est la colonne vertébrale de la vie.
* Il y a des gens qui, pendant les crises et les difficultés, gardent un espoir brillant et inébranlable et grâce à cet espoir ils réussissent toujours.
* Avec l'espoir, on sème les grains à l'espoir d'être des arbres.
* Essaie de réussir et si tu échoues, ne désespère pas et essaie encore une fois, troisième et quatrième pour arriver au but;
ça te suffit que tu essaies et les autres ne le font pas.
* Une des plus belles histoires de l'espoir est celle du leader tartare, Taymour Lank quand il a été vaincu plusieurs fois dans ses batailles.
- un jour, il s'asseyait à l'ombre d'un arbre et s'est complètement livré au désespoir et pendant qu'il pensait à son sort douloureux, il a brusquement vu une fourmi qui essayait de monter sur un arbre en portant quelque chose et quand elle était en train de monter pour la première fois, elle est tombée et aussi à la deuxième fois et n'y est arrivée qu' à la dixième fois .
Taymour était très étonné par l'insistance et par la volonté de ce petit et faible insecte qui ne connaît pas le désespoir.

- De cette scène, notre leader a saisi une morale très précieuse, celle de ne jamais désespérer, donc, il a arrangé ses armées en vainquant ses ennemis construisant le plus glorieux de tous les empires.

Ne t'afflige pas

* Chacun souhaite du fond du cœur être aimé de tout le monde et c'est impossible.
* Ne t'afflige pas par les envieux qui te blessent ou t'insultent, car on ne peut lancer les cailloux que vers l'arbre fruitier et la critique piquante ne représente que ta position remarquable et tes qualités.
* Il faut mettre en considération que ces envieux ne te laisseront que si tu cèdes à tes dons et à tes qualités pour devenir sans valeur comme eux.
* Accepte les critiques et sois grand comme la montagne qui fait face aux vents sachant que, toujours les dons sont entourés des malheurs.

De la douleur vient le bonheur

* Sans doute, on aime le repos, la réjouissance et déteste la douleur et la privation, mais parfois le bonheur réside derrière la douleur.
* Quand on souffre, on a recours à Dieu pleurant et priant, on peut rimer un bon poème qui enchante les gens et dont la signification pénètre le cœur.
* Quand on souffre on peut sentir les douleurs des autres.
* Parfois la douleur disparaît quand on sourit au visage des autres.
* On peut constater que ceux qui ont beaucoup souffert sont les gens les plus influents; voilà le président égyptien, Anwar Al Sadate qui a beaucoup souffert au travail et dans la prison et en supportant tout ça, il a été nommé président de la République menant une guerre tranchante contre Israël en réalisant une victoire précieuse pour l'Egypte.

Aussi, tout le monde connaît bien l'histoire de lutte et de douleur du président de l'Afrique du sud Nelson Mandilla.

Tu peux être influent

* Même si tu n'as ni diplômes scientifiques ni certificats, tu peux être influent quand même.
* Les diplômes ne montrent pas toujours ta créativité et ton succès, mais ta valeur réside dans ce que tu peux offrir et présenter à ton pays

et à ta religion.

Commence par l'amour

* Si tu veux le bonheur et la paix de l'âme, commence le jour par l'amour et ne trouble pas la clarté de ton jour par les rancunes et la haie.
* Ne critique pas les autres et essaie de répandre l'amour sur tout le monde en étant aimable, généreux, charitable, modeste, reconnaissant, patient et aussi sympathique.

Le voyage éloigne les soucis

* La vie routinière apporte l'ennui, c'est pourquoi on a de temps en temps, besoin de voyager pour jouir de la nature ravissante, pour qu'il puisse changer d'air et revenant à son travail le plus actif du monde.

Sois optimiste

* Sois toujours optimiste, car tu possèdes la vie;
- Tu es en bonne santé et d'autres sont malades.
- Tu as une patrie et d'autres sont réfugiés.
- Tu as de la nourriture et d'autres ont faim.
- Tu as des vêtements et d'autres sont nus.
- Tu vis en sécurité et d'autres ne goûtent pas le goût du sommeil.
- Tu as le don de la vue et d'autres sont aveugles.
- Tu parles et entends alors que d'autres sont muets et sourds.
- Tu as la nature, le ciel, la terre, les jardins, les fleurs et enfin tu as la raison, comment être alors pessimiste??

Le mot

* Le mot a une grande influence sur le bonheur et sur la tristesse de la personne, c'est pourquoi il faut tourner les mots mille fois dans la bouche avant de les prononcer.
* La parole sortante de la langue d'une personne montre bien l'authenticité de sa raison et de ses mœurs, pour cela, il faut réfléchir mile fois avant de parler.
* La parole est en argent, le silence est en or.
* La parole est une des plus grandes bénédictions que Dieu nous a comblées.

* Le silence montre bien une sage personnalité, une raison mûre et nous aide à la concentration,
* Si tu connais que tu diras du mal, tais-toi et abstiens-toi immédiatement, parfois le silence est plus éloquent que la parole.
* Le silence est un des plus importants moyens de réussite et de perfectionnement.
* Quand on finit de dire le bien, on commencera à dire le mal.
* Parfois la parole met l'homme aux plus hauts degrés de la gloire et parfois aux degrés les plus bas.
* L'homme est caché derrière sa langue et quand il parle, on connaîtra sa personnalité.

Le sourire

* C'est beau un sourire qui sort du cœur illuminant le visage et le rend comme le soleil, car le sourire est le baume qui guérit les soucis et les tristesses.
* Le prophète Mohamad (A lui salut et bénédiction) a dit: " Ton sourire au visage de ton frère est une aumône", frère ici, c'est-à-dire les autres.
* Ceux qui froncent les sourcils et ne sourient pas croyant être comme ça respectueux, ont tort, au contraire, tout le monde les évitera, car le sourire coule dans l'âme en la remplissant de bonheur et de ravissement.
* Le sourire te rend capable d'assumer la responsabilité et d'affronter les difficultés; à quoi sert l'argent avec la tristesse et à quoi sert le pouvoir avec un cœur serré et triste?

La pauvreté n'est pas vice

* Les pauvres ne trouvent pas à quoi manger et ne possèdent rien dans la vie alors qu'ils sont satisfaits, contents et le sourire ne laissent pas leur visage; d'autre part, on voit ceux qui habitent les châteaux les plus luxueux, achètent les voitures les plus chères, mangent les aliments les plus délicieux, dorment sur des lits soyeux et se marient avec les plus belles femmes et la tristesse dévorent leurs cœurs et les soucis y habitent.
* Plus on a de l'argent, plus on est occupé et inquiet.

Le temps

* Le temps est la chose la plus précieuse de la vie, car c'est le véritable trésor que l'on peut posséder.

* Ne t'assois pas avec celui qui ne connaît pas la valeur du temps.

* On passe plusieurs heures au café, au cinéma, au club, devant la télévision et au théâtre, mais c'est difficile de lire ou écrire.

* Le raisonnable est celui qui reçoit ses jours comme il reçoit une grande richesse, car le temps est la seule chose qu'on ne peut compenser.

* Le temps ne s'arrête jamais, car c'est un ami fidèle ou un ennemi juré.

* On ne doit pas mépriser le temps, même les moments; car ces moments forment les minutes, les heures, les jours, les années et l'âge, donc le moment est un âge.

* Le temps est un miracle fabuleux qui a affaibli les raisons de connaître son identification et c'est le secret de l'éternité et de la disparition.

* Tu ne peux pas retenir ce jour, mais tu peux l'exploiter.

* Ils se contentent de tuer le temps en attendant que le temps les tue.

* le temps libre est la plus grande malédiction, car c'est la cause des chagrins et ce temps corrompt les dossiers du passé, du présent et aussi de l'avenir.

* le loisir est un voleur criminel dont la proie déchirée est ta raison, c'est pourquoi il faut lire, travailler, écrire ou bien égorger le temps libre par le couteau du travail.

Pour être heureux, il faut rappeler la mort

* La mort a un temps certain et si tout le monde avait voulu avancé ou retardé le moment de la mort d'une personne, il n'aurait pu le faire, c'est pourquoi il ne faut pas s'affliger en parlant de la mort en le mettant devant les yeux.

* Quand on met la mort devant nos yeux, on fait le bien toujours en croyant en Dieu, car on ne sait pas le moment de sa venue.

* La douleur est un siècle et la mort, un moment.

* La mort peut t'oublier un jour, mais elle ne t'oubliera pas le lendemain.
* La mort a embarrassé tout le monde, écrivains, sages, philosophes, penseurs et savants.
* La mort est un mot facile à prononcer, mais, c'est le mot le plus lourd à assumer.
* Il ne faut pas penser à la mort, mais à ce qui est après la mort.
* Dieu a créé la mort pour nous montrer que tout le monde est éphémère et que sa grandeur est la seule à qui appartient l'éternité.
* La vie est la fin et la mort est le commencement.
* Dieu nous a comblés d'une grande bénédiction, c'est l'oubli, car sans l'oubli, on peut mourir de chagrin à cause de la mort d'un de nos amis ou nos proches.
* Sans la mort, la vie n'a aucune signification.
* La mort et l'amour sont deux choses très nécessaires et très indispensable dans notre monde.
* Un des poètes arabes a dit de la mort un vers dont la signification est que la mort est un verre que tout le monde va avaler et que le tombeau est une porte où tout le monde va entrer.

Que ta vie soit des fêtes

* Dans ta vie, il y a des fêtes que tu ne sens pas et aussi y'en a-t-il d'autres que tu peux vivre:
- Le jour où tu es obéissant à Dieu est une fête.
- Le jour où tu peux dessiner un sourire sur les lèvres d'un enfant, orphelin ou pauvre en subvenant à leurs besoins est une fête.

Remèdes à la tristesse

* Pour ne pas être affligé, il faut mettre en relief que:
- Dieu est celui qui a fait le destin,
- La vie est la maison de l'affliction,
- le désespoir ne fait qu'augmenter la tristesse,
- Les malheurs éloignent la vanité et la sévérité du cœur,
- S'adonner à la frustration est la cause des chagrins.

La droiture

* Si nous avions prosterné pour Dieu dès notre naissance jusqu'au jour de la résurrection, nous n'aurions pas pu le remercier pour la bénédiction de la foi et de la croyance enracinée en nos cœurs.
* C'est pourquoi il faut avoir recours à Dieu quand les soucis pèsent sur nos coeurs; donc, ne t'afflige pas puisque tu t'abandonnes à la providence et puisque tu es sur le chemin de la droiture.

Allah est grand

* Quand les martyrs ont sacrifié la vie, Dieu leur a accordé la vie et l'éternité au paradis.
* Quand tu fais la prière et es obéissant à Dieu, il te fait entrer le paradis.
* Sache que peut-être chacun t'aime pour son propre intérêt, mais Dieu t'aime pour que tu profites de lui.

Ne t'afflige pas trop

* La tristesse ne sert à rien et n'allége pas les malheurs.
* La tristesse ne réalise pas le succès.
* La tristesse ne reprend ni la gloire ni le passé.
* La tristesse n'apporte que les afflictions.
* L'optimisme vient au bout de la tristesse et te pousse vers le travail et le succès.
* Sois optimiste; le malheur est toujours accompagné du bonheur.

Voila une petite histoire d'un sage qui dit:

" Je n'ai jamais souffert dans ma vie que quand j'avais les pieds nus sans pouvoir acheter une paire de chaussure.

Pour alléger ma colère, je suis entré dans une mosquée où j'ai trouvé un homme assis sans pieds, alors j'ai remercié Dieu qui m'a donné deux pieds oubliant avoir une paire de chaussure ou non."

Où est le remède?

* Parfois on croit qu'une affaire est mauvaise alors qu'elle porte un bénéfice caché pour l'homme.
* On connaît bien que plusieurs écrivains et penseurs dans le monde entier ont écrit la plupart de leurs ouvrages dans la prison et beaucoup de grands hommes dans l'histoire étaient sourds, aveugles, muets, handicapés.

* On raconte qu'il y avait un homme paralysé. Des années d'ennui, de désespoir, de frustration se sont écoulées. Un jour, un scorpion est tombé sur lui du plafond, restant sur la tête et lui donnant quelques piqûres; il a frémi sentant qu'il a tout à fait guéri; qui connaissait que c'était le remède de cet homme?

Ne t'afflige pas

* Ne te rappelle pas les souvenirs douloureux oubliant tout ce qui appartient au bien et au bonheur et déniant les moments heureux que tu as vécus.
* Le cadeau apporte le bonheur, car c'est un symbole d'amour et de paix puisque sa véritable valeur est tout à fait morale.
* Ne rends pas le mal par le mal, mais sois comme le palmier qu'on lance avec les cailloux et il nous donne les dattes délicieuses.
* Demande tout ce que tu veux, car Dieu est le plus généreux.

Ne sois jamais serviteur

* Ne sois jamais serviteur ni à tes passions ni à tes désirs; comment l'homme se distingue-t-il de l'animal alors que ses désirs et ses passions le dominent?

La tristesse

* Il y a une grande relation entre la tristesse, l'inquiétude et les maladies du coeur, de l'estomac et d'autres.
* On dit que les nègres qui vivent au sud des pays et les chinois ne souffrent que rarement des maladies du cœur résultant de l'inquiétude, car ils prennent les affaires tranquillement.
* On dit aussi que le nombre des Américains qui se suicident est plus grand que celui de ceux qui meurent des maladies du cœur.
* Donc, ne t'afflige pas trop; toute la vie ne mérite pas un moment de tristesse.

Les mauvaises nouvelles

* N'attends pas les mauvaises nouvelles; la maison s'effondrera à cause de ….., l'enfant tombera malade à cause de …. rappelant que la vie est courte, donc, ne l'accourcis pas par les malheurs et mets en considération qu'un paradis plein de délices et ne contient ni chagrins ni tristesses t'attend.

L'inquiétude

* L'inquiétude mène à la tristesse et à la dépression.
* L'inquiétude mène à l'échec dans la vie.
* L'inquiétude mène à la folie.
* L'inquiétude mène aux maladies dangereuses.
* Exploite l'inquiétude au succès permanent et vers les buts sublimes.
* Que ton inquiétude soit efficace à la résolution des problèmes.
* Sois simple et ne complique pas les choses.

Une petite histoire

*Il y avait un Américain qui possédait beaucoup de sociétés et d'immeubles où travaillait un jeune homme musulman.
Toujours quand l'Américain passait devant ce jeune, il le trouvait heureux et souriant alors qu'il sent la tristesse et l'inquiétude, voilà le dialogue qui s'est passé entre les deux:
- L'Américain: Pourquoi je te vois toujours heureux?
- Le jeune homme: Parce que je suis musulman.
- L'Américain: Et si je me convertis à l'Islam, serai-je heureux?
- Le jeune homme: Oui bien sûr.

Le jeune homme l'emmena dans un des centres islamiques et le faisant prononcer la profession de foi (Je confesse qu'il n'y a point de divinité qu'Allah et que Mohamad est le messager d'Allah), l'Américain a prononcé cette confession en pleurant à chaudes larmes.
On lui a demandé pourquoi il pleure et il a répondu en disant: " C'est la première fois de ma vie où je trouve et sens le bonheur".

La critique positive

* On ne peut nier que l'être humain aspire à l'amour de la flatterie et des compliments et déteste la critique et le conseil, mais parfois la flatterie cause beaucoup de maux ce qui mène à la vanité et à l'orgueil et peut-être dans la critique réside le bien surtout quand cette critique émane d'un cœur sincère, pour cela on dit au critique:
- Que ton conseil soit sincère pour l'amour de Dieu ayant pour but de réformer celui qu'on conseille et non pas pour l'amour de l'apparence. Aussi faut-il que ce conseil soit en cachette.
On dit aussi à celui à qui on donne le conseil:

- Accepte le conseil de ton ami et accepte la critique à bras ouverts, peut-être auras-tu le bien en suivant ce conseil.
* Les belles paroles ne sont pas toujours vraies et les vraies paroles ne sont pas toujours belles.

Les rumeurs

* Ne t'afflige pas quand les gens parlent de toi, car beaucoup de rumeurs ne sont pas toujours vraies et cela montre que tu as une position remarquable; plus ils parlent de toi, plus tu donnes tant et tant, plus tu auras tant et tant de succès.

Un seul jour

* Ton âge est un seul jour, c'est le jour où tu vis, pour quoi donc tu as peur du passé et de ses chagrins et de l'avenir et de ses fantômes effrayants?

* Tu connais bien que le passé ne viendra jamais et tu ne garantiras pas que tu vivras jusqu'à demain.

* Dans ce jour, tu dois faire le bien, remercier Dieu, prier, se laver et en divisant le jour, tu trouveras que ses minutes sont des mois et ses heures sont des années.

La confiance en Allah

* N'aie peur ni de demain ni du manque de subsistance et mets toute ta confiance en Dieu seul, voilà une petite histoire:

- Un jour, quelques personnes mangeaient chez un de leurs amis, il y avait devant eux un chat, ils lui ont lancé un morceau de pain; le chat l'a retenu en s'en allant sans le manger et il a fait comme ça trois fois. Les amis étaient très étonnés de cette action; ils ont suivi le chat, trouvant qu'il donnait à manger à un chat aveugle.

Apres cette histoire, peut-on avoir peur de demain?

Où est le chemin?

* Le monde vit dans un temps d'inquiétude, de désarroi nerveux et psychologique, de misère et de peur permanente de ce qu'on appelle: "L'inconnu".

* la médecine moderne ne peut lutter contre beaucoup de maladies dangereuses.

* Le Sida tue des millions de personnes chaque année, il y a aussi

les guerres, la fumée, les drogues, le cancer, les crimes, les épidémies, la malnutrition, la grippe aviaire et d'autres.

* Le bonheur peut-il se réaliser dans tel monde plein de tous ces maux?

* On devient embarrassé parmi ces vagues gigantesques et se demande en désespérant et en s'inquiétant:" Où est le bon chemin?". Je te dis enfin que le bon chemin est l'obéissance et la croyance en Dieu.

N'imite personne

* Dieu a créé l'homme à son image et a accordé à chacun des capacités, des dons et des qualités qui ne se ressemblent pas à ceux des autres, c'est pourquoi il faut être naturel sans envier les autres croyant que Dieu nous a créés comme ça.

Avoue tes fautes

* Ce n'est pas faux de commettre des fautes, mais c'est grave de ne pas les avouer et d'insister à les faire.

Méfie-toi de la colère

* La colère est une chose très grave qui mène à commettre des fautes; voilà cette petite histoire:

- Un jour, un juif passait accompagné de son chien devant Ibrahim Ibn Adham (Toujours les juifs essaient d'énerver les musulmans). Le juif lui a dit:" Ô Ibrahim, ta barbe est-elle plus pure que la queue de ce chien ou bien celle-ci est plus pure que ta barbe?".

Ibrahim lui a répondu tranquillement sans se mettre en colère et du calme d'un croyant qui a confiance en Dieu en disant:" Si ma barbe est au paradis, elle sera plus pure que la queue du chien et si elle sera en enfer, la queue du chien sera plus pure".

- Voyez-vous que cet homme se contrôle pendant la colère?

Pour être heureux, garde les bonnes mœurs

* Les mœurs sont les principes de toutes les religions et sans elles, on ne peut jamais fixer ses pieds sur la route de croyance et de foi et cela mène à la corruption de la société.

* "Je n'étais envoyé que pour parfaire les vertus morales ", ainsi dit-le prophète Mohamad à lui salut et bénédiction.

* Les mœurs comprennent le bon traitement des parents à qui les religions ont donné une position primordiale, donc, on devrait les traiter tendrement et miséricordieusement.

* Une des choses qui distinguent les mœurs est le bon traitement avec ceux qui sont d'une autre religion, car, ceux-ci ont les mêmes droits et les mêmes devoirs, en bref, tout le monde a un seul Dieu.

* Les mœurs sont la plus importante arme par laquelle on peut s'armer.

* Les mœurs ne se limitent pas de bien traiter les gens, mais aussi vont-elles jusqu'aux animaux, à la nature et aux plantes, donc, la terre est un lieu de plantation et n'est pas pour les guerres et la mer est consacrée pour transporter les gens et les marchandises et n'est pas pour les manœuvres militaires.

* Ce ne sont pas les fils qui perpétuent la mémoire des pères, ce sont les bonnes actions et les bonnes moeurs.
* Chaque âge a ses plaisirs, son esprit et ses moeurs.
* Le temps qui change tout, change aussi nos humeurs.

* On aimerait à savoir si c'est la littérature qui corrompt les moeurs ou les moeurs au contraire qui corrompent la littérature.
* Toute révolution qui n'est pas accomplie dans les moeurs et dans les idées échoue.

* Les mauvaises moeurs sont la seule chose que les gens prêtent sans réfléchir.

* Il y a dans les moeurs, comme dans l'histoire, des conquêtes imprévues.
* Il n'appartient qu'aux souverains, ou à ceux qui sont autorisés par

eux, de se mêler de régler les moeurs des autres.
* Ils savent que les moeurs ne sont point à la mode, et ils n'ont point de moeurs.
* Les hommes peuvent conserver leur santé et leur force sans vin: avec le vin ils courent le risque de ruiner leur santé et de perdre les bonnes moeurs.
* Ce que les hommes appellent civilisation, c'est l'état actuel des moeurs et ce qu'ils appellent barbarie, ce sont les états antérieurs. Les moeurs présentes, on les appellera barbares quand elles seront des moeurs passées.
* Les idées de la veille font les moeurs du lendemain.
* Une loi juste capable de suivre les moeurs est le contraire d'une loi.
* La plupart des femmes n'ont guère de principes; elles se conduisent par le coeur, et dépendent pour leurs moeurs de ceux qu'elles aiment.
* La littérature crée des moeurs aux sociétés qui veulent sembler vivre.
* La corruption des moeurs est mortelle pour les républiques et utile aux tyrannies et aux monarchies absolues.

* Molière dit:"Les femmes d'à présent sont bien loin de ces mœurs, elles veulent écrire et devenir auteurs".

* Il y a, pour moi, une pierre de touche des morales, des religions, des moeurs: l'attitude prise devant la souffrance des animaux.
* Il faut se rendre respectable par sa vertu et par sa suffisance, et aimable par sa bonté et douceur de ses moeurs.
* Les moeurs font toujours de meilleurs citoyens que les lois.
* Lorsqu'on veut changer les moeurs et les manières, il ne faut pas les changer par les lois.
* La science des choses extérieures ne me consolera pas de l'ignorance de la morale.

* Les moeurs sont un collier de perles; ôtez le noeud, tout défile.
* On a tout avec de l'argent, hors les moeurs.

* Si tu es attaché à Dieu, tu ne crains rien.
* Les pauvres ne peuvent se défendre devant les grands.
* Le rat n'a pas raison sous les pattes du chat.
* C'est sur l'arbre tordu que l'on passe pour trouver l'arbre droit.

* Sans les mœurs, les nations n'auront pas d'existence.

La tension

* Pour être heureux, il ne faut pas s'adonner à la tension, car la tension est la cause principale de plusieurs maladies comme: les maladies cardiaques, les maladies de l'appareil immunitaire, le cancer du foie, l'indigestion, les maladies des os et d'autres conduites comme la mélancolie, le pessimisme, l'inquiétude, le manque de concentration et l'insatisfaction.

La prière

* La prière est une démonstration de l'abandonnement à la providence et da la bonne foi.
* La prière éloigne la vanité, l'orgueil et l'indignation du Dieu.
* La prière éloigne les soucis et réjouit les cœurs.
* La prière est la flèche qui sort d'un cœur sincère et arrive directement au ciel.
* La prière est une des qualités des dévots.
* De la prière vient la fermeté et la victoire.
* La prière doit être gardée par le malade pour retrouver la guérison, par l'affligé pour arriver au bonheur, par le pauvre pour s'enrichir, par le pécheur pour être pardonné et enfin par tous pour entrer le paradis.

Pour être heureux

* Attache-toi à l'espoir pendant les malheurs et les souffrances.
* Garde le sourire surtout dans les moments difficiles.
* Essaie d'avoir de bonnes relations avec les autres.
* Dans le silence il y a la sécurité et la grandeur.
* Exprime tout ce qui est dans ton cœur clairement et tranquillement.
* Occupe-toi de ton métier même s'il est modeste.

* Ne perds pas beaucoup de ta santé en étant prisonnier de l'inquiétude et de l'énervement.
* Ne t'afflige pas du passé, jouis de ton présent et ne t'inquiète pas de ton avenir.
* Occupe-toi du travail et de la science.
* Ne sois pas égoïste et dessine le sourire sur le visage des autres.
* Fais le bien et le vrai et ne t'occupe pas des critiques et des moqueurs.
* Sache ta nature, tes dons et tes capacités et emploie-les pour profiter de ta vie.
* Occupe-toi de quelques inclinations très utiles.
* Avoir un but sublime dans la vie.
* Accepte la vie avec ses délices ainsi qu'avec ses amertumes.

Conseils de Ernie J. Zélinski

Pour être heureux, vous pouvez aussi suivre les conseils suivants que propose Ernie J. Zélinski :

* Ayez suffisamment d'objectifs pour obtenir certaines satisfactions,

* Ayez suffisamment de travail pour en vivre,

* Ayez suffisamment de jugement pour savoir quand travailler et se reposer,

* Ayez suffisamment d'affection pour pouvoir aimer un certain nombre de personnes mais n'en aimer très fort que quelques unes,

* Ayez suffisamment de respect personnel pour s'aimer soi-même,

* Ayez suffisamment d'esprit charitable pour donner aux démunis.

* Il n'en faut pas beaucoup pour être heureux. Il suffit juste d'apprécier chaque petit moment et de le sacrer comme l'un des meilleurs moments de sa vie.

* Il faut aller vers des paysages magnifiques en terre inconnue.

* Ayez suffisamment de courage pour faire face aux difficultés.

* Ayez suffisamment de créativité pour résoudre les problèmes.

* Ayez suffisamment d'humour pour rire à volonté,

* Ayez suffisamment d'espoir pour s'attendre à des lendemains intéressants,

* Ayez suffisamment de gratitude pour apprécier ce que vous avez,

* Ayez suffisamment de santé pour aimer pleinement la vie,

* Apprenez à vivre et à être heureux un jour à la fois. vous maîtriserez ainsi l'art d'être toujours heureux.

* N'oubliez pas que où que vous alliez et quoi que vous fassiez, vous ne pourrez échapper à vous même.

* Vous êtes la source de votre bonheur. Votre vraie richesse est la capacité de penser de façon créative et spirituelle.

Quand veux-tu être heureux?

* On se persuade souvent soi-même que la vie sera meilleure après s'être marié, après avoir eu un enfant et, ensuite, après en avoir eu un autre.
* Plus tard, on se sent frustré, parce que nos enfants ne sont pas encore assez grands et on pense que l'on sera mieux quand ils le seront. On est alors convaincu que l'on sera plus heureux quand ils auront passé cette étape.
* On se dit que notre vie sera parfaite quand les choses iront mieux, quand on possèdera une plus belle voiture ou une plus grande maison, quand on pourra aller en vacances, quand on sera à la retraite.

La vérité est qu'il n'y a pas de meilleur moment pour être heureux, que le moment présent. Si ce n'est pas maintenant, quand serait-ce?

La vie sera toujours pleine de défis à atteindre et de projets à terminer. Il est préférable de l'admettre et de décider d'être heureux maintenant avant qu'il soit trop tard.

Pour être heureux, évite l'adultère

* Rien ne détruit plus rapidement une famille que l'adultère
C’est une relation sexuelle, hors mariage, entre un homme et une femme ou entre deux hommes ou entre deux femmes.

Le but fondamental des religions est de protéger la vie et de lui offrir un cadre organisé comme celui d’une cellule familiale.

L'adultère est un des grands péchés que Dieu a interdits, car il peut corrompre les relations sociales et le lien de parenté.

Par l'adultère on ne peut distinguer les générations; par exemple: comment la femme qui commet l'adultère connaît-elle le père de son fœtus alors qu'elle a couché avec plusieurs hommes?

Il faut aussi mettre en considération que l'adultère est la cause principale et le premier pas vers la destruction des civilisations; comment donc trouver une bonne famille pleine de bonheur dans un monde plein d'enfants adultérins?

* L'adultère, sous toutes ses formes est strictement interdit en Islam et est considéré comme un péché capital. Allah dit à ce sujet dans le Saint Coran:
"Ne vous approchez pas de la fornication, c'est une abomination et une voie pleine d'embûches". (Verset 32 / Sourate 17)
Dans ce verset, Dieu n'interdit pas seulement la fornication; l interdit même de s'en approcher. Il y a de multiples raisons qui sont à l'origine de l'interdiction de cet acte.
Tout d'abord, l'adultère fait disparaître la pudeur, car celui qui commet l'adultère, peut un jour le faire avec sa propre mère, sa soeur ou sa fille ?...
Ensuite, la fornication et l'adultère mettent tout deux en danger la sauvegarde de la pureté des relations filiales.
* Le prophète Mohamad (A lui salut et bénédiction) a dit:
"Ô Évitez la fornication , car elle comprend six mauvaises qualités: trois qui apparaissent dans ce bas monde et trois dans la vie future. Celles du bas monde sont: la disparition de la splendeur du visage, une vie très courte et une pauvreté permanente. Quand à celles de la vie future; l'indignation d'Allah, le mauvais compte et le châtiment du Feu."

** Voilà un petit dialogue que j'ai déjà fait avec une jeune fille française sur le chat:*
Moi: Bonjour

La jeune fille: Bonjour
Moi: Je suis égyptien et toi?
La jeune fille: moi, je suis française.
Moi: Que fais-tu maintenant?
La jeune fille: Je ne fais rien, je suis encore au lit.
Moi: Tu dors encore?
La jeune fille: Non, je viens de faire l'amour.
Moi: Avec qui fais-tu l'amour?
La jeune fille: Avec un homme bien sûr.
Moi: Mais oui, je veux dire avec ton mari?
La jeune fille: Non, avec mon copain.
Moi: Et tu fais l'amour chez toi ou bien chez lui?
La jeune fille: Chez moi, dans la maison de ma famille.
Moi: Et ton père est-il d'accord?
La jeune fille: Pourquoi pas? Alors que lui aussi et mon frère font l'amour avec moi.
Moi: Tu es satisfaite de tout cela?
La jeune fille: Pourquoi pas?
Moi: Tu ne crois pas en Dieu?
La jeune fille: ....
Moi: Tu ne crains pas l'enfer?
La jeune fille: ....
Crois-tu que ces familles soient-elles heureuses ou goûtent-elles un jour le bonheur?

Contradictions de notre vie quotidienne

* Dans ces jours, nous avons de grandes maisons et villas, mais nous avons des familles déchirées et détruites.
* Nous avons beaucoup de moyens de confort, mais nous avons moins de temps.
* Nous avons beaucoup de certificats, mais nous avons moins de logique.
* Nous avons beaucoup de connaissances, mais moins de sagesse.
* Nous avons beaucoup d'experts, mais beaucoup de problèmes.

* Nous avons beaucoup de médecins et de médicaments, mais moins de santé.
* Nous gaspillons beaucoup d'argent, nous rions moins, nous conduisons la voiture imprudemment, nous nous mettons sans raison en colère, nous veillons beaucoup en nous levant épuisés, nous lisons moins, nous regardons beaucoup la télévision et c'est rare de faire la prière.
* Nous augmentons nos biens en réduisant nos valeurs, nous parlons beaucoup, nous aimons moins et nous mentons beaucoup plus.
* Nous avons appris comment gagner notre vie sans apprendre comment vivre.
* Nous avons ajouté des années à notre vie et nous n'avons pas ajouté de la vie à notre âge.
* Nous avons des gratte-ciel et nous avons de mauvaises humeurs.
* Nous avons des autoroutes très larges, mais nous avons aussi des points de vue très étroits.
* Nous dépensons beaucoup en possédant moins et nous achetons beaucoup en nous amusant moins.
* Nous sommes arrivés à la lune, mais c'est difficile de rendre visite à un voisin malade.
* Nous avons surmonté l'espace extérieur sans surmonter nous-mêmes.
* Nous avons fendu l'atome sans surmonter nos passions.
* Nous écrivons beaucoup, nous apprenons moins sans rien réaliser.
* Nous avons connu la hâte sans connaître l'attente et nous voulons un grand revenu financier en nous passant de nos mœurs.
* Nous mangeons rapidement, mais la digestion est mauvaise.
* Nous avons des hommes grands, mais avec de faibles personnalités.
* Nous avons beaucoup de temps libre et moins de réjouissance.
* Nous avons beaucoup de sortes d'aliments et moins de bonne nutrition.
* Nous avons beaucoup de bonnes et de belles femmes, mais aussi beaucoup de cas de divorce.

C'est pourquoi il faut dès maintenant:

- vivre chaque jour comme s'il est une occasion privée.
- chercher le savoir, lire beaucoup et vous amuser bien.

- passer beaucoup de temps avec la famille et avec les amis. -manger ce que vous voulez et visiter vos lieux préférés.
- savoir que la vie est une chaîne de moments agréables et non seulement vivre à perpétuité.
- exprimer nos sentiments déguisés et notre amour envers nos proches et nos familles, est-ce qu'on garantit vivre jusqu' à demain?
- savoir que chaque heure, chaque minute et chaque moment sont des choses sacrées pour nous à les exploiter, car qui sait? Peut-être c'est la dernière heure, la dernière minute ou le dernier moment de ma vie.

Les clés du bonheur

Le bonheur ne s'achète pas, mais se cultive plutôt comme un jardin. Certains lui courent après, d'autres le savourent, mais tous y aspirent. Pour vous aider dans cette quête, des spécialistes vous proposent cinq pistes…

Le bonheur est dans le pré, pour les uns. Pour d'autres, il est dans les bras de l'être aimé, ou au détour d'une galerie d'art. Chacun le sent et tout le monde en a le droit ! Parfois, il est à portée de mains, souvent on passe à côté. Disposition de l'esprit ou don du ciel ? Peu importe ! L'important est de le cultiver. Il existe plusieurs pistes, toutes reposent sur des attitudes et une pratique au quotidien. Alors suivez ces cinq conseils:

1 - Retrouvez l'estime de soi

2 - Cultivez de bonnes relations avec les autres

3 - Donnez-vous des petits plaisirs

4 - Faites la paix avec votre passé est aussi un signe de maturité.

5 - Développez votre créativité

Ces personnes sont- elles vraiment heureuses?

Je vous présente dans les pages suivantes les avis de quelques personnes converties à l'Islam; venons voir si elles sont heureuses ou pas et pourquoi elles se sont converties à l'Islam.

La modération et le tempérament sont les idées dominantes de l'Islam

La simplicité de l'Islam, le puissant appel et l'atmosphère irrésistible de ses mosquées, le sérieux de ses fidèles adhérents, la confiance inspirante des millions partout dans le monde qui répondent aux cinq appels quotidiens à la prière - ces facteurs m'ont attiré dès le début.

L'immense tolérance de l'Islam vis-à-vis des autres religions le recommande à tous les amateurs de la liberté. Mohamad ordonna ses partisans de bien traiter les croyants en l'Ancien et au Nouveau Testament; et Abraham, Moïse, Jésus sont connus comme des prophètes d'un seul Dieu. Sûrement c'est plus généreux que les autres religions.

La modération et le tempérament en toutes choses, les qualité, dominantes de l'lslam, ont pris mon approbation non qualifiée.

Colonel Donald S. Rockwell
Les Etats-Unis

L'Islam seul peut satisfaire aux besoins de chaque membre de la famille

Le Christianisme prend le chemin de toutes choses, et désormais il périt à jamais pour laisser la place pour la Vraie Religion de Dieu pour l'espèce humaine, et c'est l'Islam qui est la Vérité, la sincérité, la tolérance. le regard aux intérêts de l'homme et le pointage au droit chemin, L'Islam seul peut satisfaire aux besoins de chaque membre de la famille humaine, et les Musulmans sont les seuls gens parmi lesquels on peut trouver le " Vrai Livre de Fraternité " en réalité et non "faire croire" seulement tel dans le Christianisme.

Monsieur Jalaluddin Lauder Brunton
L'Angleterre

Seul l'Islam a la solution des problèmes actuels

Pour l'esprit occidental, l'appel principal de l'Islam doit être sa simplicité. De l'aveu général, il y a un ou deux autres fois qui sont si faciles à approcher mais ils manquent malheureusement de la vitalité de la Foi du Prophète, et l'élévation spirituelle et morale qu'elle offre.

L'Islam doit appeler aussi par la raison de sa tolérance... L'intolérance Chrétienne étrange a éveillé mon premier intérêt en Islam.

Les églises sont complètement incapables de s'accrocher avec les problèmes actuels. Seul l'Islam. offre la solution.

Jolin F'isher

L'islam m'a toujours attiré par sa simplicité et par le dévouement de ses partisans

Depuis l'adoption de l'Islam comme étant ma foi, je sens que je suis arrivé à un moment décisif dans ma vie. Pour expliquer ceci et vous donner quelques idées pourquoi je suis devenu un Musulman. je me suis soumis à ce que je peux appeler une analyse psychologique personnelle.

L'Islam m'avait toujours attiré par sa simplicité et par le dévouement de ses partisans... J'avais appris à regarder toutes les religions autre que le Christianisme comme blasphémateur et leurs adhérents comme païens.

L'Islam m'a donné une méthode très pratique pour démolir la barrière du matérialisme dans l'un des Cinq Piliers de la Foi, à savoir la Prière. La prière Musulmane me garde informé de mon devoir envers Allah, envers mon âme, et constamment envers mes compagnons.

Khalid D'Larnger

La pureté, la simplicité et la vérité évidente de la Foi Islamique ont attiré mon attention

La pureté et la simplicité de la Foi Islamique, sa liberté du dogme et sa vérité évidente ont pris mon attention. L'honnêteté et la sincérité des Musulmans, aussi, sont plus grandes que tout ce que j'ai vu chez les Chrétiens.

L'égalité dans l'Islam est aussi une de ses beautés. Seul l'Islam a la vraie égalité et lui seul la maintient entre les hommes, tandis qu'aucune autre religion n'agit de la même façon. La foi de l'Islam produit l'unité.

La religion de l'Islam est la religion la plus propre du monde parce que les Musulmans doivent laver les parties exposées du corps cinq fois par jour, une pratique qui ne se trouve dans aucune autre religion du monde.

A. W.L. Fourgon Kuylenburg
(connu sou le nom de M.A. Rahman)

Dans l'Islam j'ai trouvé la vraie Foi que je cherchais depuis longtemps

J'ai consacré un temps considérable à étudier consciencieusement une traduction anglaise du Saint Coran. Je l'ai lue plusieurs fois, ainsi que des paroles du Prophète Mohammad, et enfin, j'ai trouvé dans l'Islam la vraie foi que je cherchais depuis longtemps

Je voudrais dire que je me sens confiant que si les gens ici et ceux dans les pays occidentaux sont invoqués à apprécier la pleine signification de l'Islam, et ce qu'il représente, les rangs de l'Islam seront enflés de jour en jour, mais malheureusement il y a une grande incompréhension dans les esprits de beaucoup de "Penseurs" et d'autres qui s'accrochent encore à leur vieux credo tout simplement parce qu'ils n'ont pas le courage moral d'abandonner une foi et accepter l'Islam.

Walker H. Williams

J'ai accepté l'Islam parce qu'il se conforme parfaitement avec mes propres idées

L'homme devient un vrai Chrétien ou un vrai Juif par l'Islam, par n'importe quel chemin préconisé par les Chrétiens ou les Juifs d'aujourd'hui.

Dans l'Islam, il y a une tolérance et une reconnaissance de fraternité universelle. Ainsi, je peux dire, que j'ai accepté l'Islam parce qu'il se conforme parfaitement avec mes propres idées au sujet d'Allah et Sa belle planification. L'Islam est la seule foi que je peux comprendre vraiment. En effet, même un petit enfant peut remarquer sa simplicité et sa beauté.

Amina Fleming

L'Islam est la religion que je cherchais

L'Islam est la religion que je cherchais depuis mes jours scolaires. Mon esprit était toujours mécontent des enseignements Chrétiens jusqu'à ce que je fusse assez grande pour pouvoir me libérer de ces pensées. Je fus en contact direct avec la vraie religion de l'Islam. Je me suis intéressée à l'Islam dont l'idée dominante est la simplicité. La croyance en l'Unicité d'Allah en est un exemple. C'est pourquoi il a pris mon attention.

La religion de l'Islam m'a accordée la paix et le bonheur que je n'avais jamais eu auparavant.

Mlle Jouan Fatima

Si les Britanniques et les Européens se convertissent à l'Islam, ils seront de nouveau les forces les plus puissantes

Il n'y a aucune version de christianisme qui est satisfaisante. Les Chrétiens croient qu'à cause du péché d'Adam et Eve, tous les êtres humains naissent dans un état de péché original, et ils sont incapables de mériter le paradis par leurs propres actions.

Les Musulmans, cependant, ne croient pas que les gens sont punis pour le péché d'Adam et Eve. Ils croient que tout être humain naît innocent, et ne peut perdre son espoir en Paradis que par ses propres péchés, et c'est quand il devient assez grand qu'il devient coupable ou délibéré de ses fautes.

Si les Britanniques et les Européens se convertissaient à l'Islam, ils deviendraient de nouveau les forces les plus puissantes. Les Musulmans britanniques et européens sont parmi les meilleurs.

Khadija F.ld. Fezoui
L'Angleterre

Dernier mot à celui qui insulte l'Islam

* Enfin et pour être heureux, il faut traiter charitablement tout le monde quoique soit sa religion.

* Je dis ça, car j'ai trouvé des milliers de sites Internet chrétiens et juifs qui insultent l'Islam et se moquent de son prophète Mohamad (A lui salut et bénédiction) et du Saint Coran.

* Alors, je dis à celui qui insulte l'Islam, le prophète et le Saint Coran:

- " Regarde les milliers qui se convertissent à l'Islam chaque jour dans le monde entier et demande-toi pourquoi ils ont choisi l'Islam".

- " Ne vois-tu pas que les musulmans ont une seule constitution céleste, c'est Le Saint Coran alors que l'Evangile a plusieurs versions où il y a des principes contradictoires".

- " L'abbé ou le pape, je ne le connais, pardonnent les fautes des chrétiens, qui donc va pardonner leurs propres fautes ou bien ils ne commettent pas de fautes? Et si Dieu leur pardonne leurs fautes, pourquoi alors les gens ont recours à eux alors qu'ils sont pécheurs aussi?".

- " Si tu crois en un seul prophète, nous croyons en tous les prophètes du Dieu et si tu n'avoues pas l'Islam comme religion céleste, nous avouons que le christianisme et la judaïsation sont des religions célestes ".

- " Ne juge pas l'Islam d'après l'apparence et d'après la minorité musulmane qui ne connaissent rien de l'Islam, car ils sont nés trouvant qu'ils sont musulmans par héritage et quand les gens font des fautes ou des crimes, c'est de leur fautes et n'est pas de la faute de la loi; et ce que font des musulmans dans ces jours ne nous donne pas le droit de défigurer la véritable image de l'Islam.

Aussi connais-tu qu'il y a de mauvaises personnes dans toutes les religions".

- " Au lieu d'insulter l'Islam, lis quelque chose de ses principes tolérants et les raisons qui ont poussé beaucoup de personnes à y convertir. Parle avec quelqu'un converti et lui demande ce qu'il sent et il te dira qu'il n'était pas né avant sa conversion en Islam".

- Je te demande:" pourquoi t'efforces-tu de nuire à L'Islam, insulter notre prophète, attiser un feu de haine inutile et dire que notre religion n'est que des mensonges?
Puisque selon toi on suit un mauvais chemin et que l'Islam n'est que des mensonges cela devrait vous satisfaire et vous rendre heureux et non tellement haineux et enragé.

Pourquoi tu ne vois de l'Islam que certains petits détails sombres et ne voyez pas sa grandeur; tu es comme la mouche qui ignore les roses et va se vautrer sur les ordures.

- Cher lecteur, je dis ça non seulement pour que quelqu'un embrasse ou se convertisse à l'Islam, mais aussi pour vous affirmer que l'Islam n'a pas besoin de n'importe qui, c'est nous qui ont besoin de l'Islam.

Enfin, je remercie tous ceux qui m'ont aidé à terminer ce travail en me donnant les livres nécessaires et je remercie aussi tous les responsables des sites Internet qui contiennent des trésors de savoirs.

Dieu, purifiez mon coeur de la tartuferie ainsi que mon travail de l'apparence, ma langue des mensonges et mes yeux de la trahison.

Références

Ne t'afflige pas. (Cheikh Aed Al Qarny et Cheikh Mahmoud El Masry)

Oui! Je me suis converti à l'Islam. Pourquoi?

A la mémoire du temps. Ahmed Ragheb Al Masry

Extrait du livre : Assârimou Al-Battâr fi Tassady lis-Sahâratil Achrâr de Waheed Bâly

http://perso.wanadoo.fr

http://www.islamhouse.com

http://www.psychomedia.qc.ca

Printed by Books on Demand GmbH, Norderstedt / Germany